저항과 희망,
아나키즘

저항과 희망,
아나키즘 ⚇

지은이 / 방영준
펴낸이 / 강동권
펴낸곳 / (주) 이학사

1판 1쇄 발행 / 2006년 11월 10일

등록 / 1996년 2월 2일 (등록번호 제 03-948호)
주소 / 서울시 종로구 안국동 17-1 우110-240
전화 / 02-720-4572 · 팩스/ 02-720-4573

ⓒ 방영준, 2006, Printed in Seoul, Korea.

ISBN 89-87350-95-9 03300

이 책의 저작권은 저자가 가지고 있습니다.
저작권법에 의해 보호를 받는 저작물이므로 이 책 내용의 일부 또는 전부를 재사용하려면
저작권자와 (주)이학사 양측의 동의를 얻어야 합니다.

＊ 책값은 뒤표지에 표시되어 있습니다

이 도서의 국립중앙도서관 출판시도서목록(CIP)은 e-CIP 홈페이지
(http://www.nl.go.kr/cip.php)에서 이용하실 수 있습니다.
(CIP제어번호: CIP2006002172)

저항과 희망,
아나키즘

방영준 지음

이학사

일러두기

1. 우리말 번역서가 있는 인용문은 번역문을 사용하는 것을 원칙으로 하였지만 일부 표현의 경우 읽기 쉬운 표현으로 고치기도 하였다.
2. 외국 인명은 처음 나올 때 한 번 원어를 병기하였다. 외국 인명, 지명 등은 현행 외래어표기법에 준하여 원지음 기준으로 표기하였다.
3. 부호의 쓰임은 다음과 같다.
   『 』: 서명
   「 」: 편명, 논문명, 장의 제목
   ( ): 출전, 생몰 연대, 부연 설명
   〔 〕: 인용문에서의 이 책 지은이의 부연 설명
   〔……〕: 인용문에서의 중략

머리말

내가 아나키즘에 관심을 갖게 된 것은 대학원 시절 맑스 사상을 공부하는 과정에서였다. 그전까지는 아나키즘을 단순히 무정부주의로 보면서 꽤나 엉뚱한 사상으로 인식하고 있었다. 그러나 맑스 사상과 관련된 문헌들을 읽으면서 만난 아나키스트들의 모습은 가을 밤하늘을 가로지르는 유성과도 같았다. 또한 연극의 한 막이 끝나고 다음 막이 시작되기를 기다리는 와중에 훌쩍 무대에 뛰어올랐다 사라지는 장난기 어린 관객처럼 보이기도 했다.

맑스의 문헌을 읽으면서 느낀 점은 맑스 사상이 온갖 영양제를 섞어 만든 드링크제 같다는 것이었다. 반면에 아나키스트의 사상은 심심산골의 옹달샘에서 나오는 시원한 물과 같은 맛이었다. 나는 간간이 마셔본 그 물맛을 잊지 못해 옹달샘을 찾아보기로 했다. 20여 년 전, 선배 교수의 안내를 받아 국민문화연구소의 이문창 선생을 찾아뵙고 공부를 청했다. 국민문화연구소는 우당 이회영 선생과 함께 중국에서 아나키스트 독립운동을 전개한 우관 이정규 선생이 해방 후 자유공동체운동을 전개하기 위해 만든 사단법인이다. 아나키즘을 공부하면서 새롭게 느낀 점이 있다. 아나키즘은 결코 밤하늘을 가로지르는 유성이 아니며, 무대에 뛰어오르는 치기 어린 관객도 아니라는 것이다. 아나키즘은 인류 역사와 더불어 도도히 흐른 지하수와 같았다. 그 지하수가 간혹 지면을 뚫고 나와 물줄기를 이루다가 슬그머니 다시 지하로 돌아가곤 했을 뿐이다.

1930년대 이후 사라져버린 이념으로 간주되던 아나키즘이 오늘날 많은 영역에서 다시 거론되고 있다. 결코 사라진 것이 아니라 그동안 지하에서 흐르다가 다시 지표면으로 물을 뿜기 시작한 것이다. 그것은 이 시대가 안고 있는 여러 문제가 아나키즘적 사유의 틀을 요구하고 있기 때문일 것이다. 거의 모든 정치 이념은 그 실험이 끝난 후 재조명이 되기도 하지만 결코 부활하지는 않는다. 그러나 아나키즘은 사라진 것처럼 보이다가도 어느 날 부활하여 다시 모습을 드러낸다. 그것은 아나키즘이 그 어느 정치 이념보다 비정치적이기 때문일 것이다. 아나키즘은 본능적이고 직관적인 성향이 강하고, 낭만과 이상이 가득 찬 인식 체계라고 할 수 있다.

아나키즘의 운명은 헤밍웨이의 『바다와 노인』에서 노인이 먼 바다에서 잡은 큰 물고기의 운명과도 유사하다는 생각이 든다.

노인이 물고기를 끌고 포구까지 오는 길에 그 큰 물고기는 상어 등 다른 물고기들에게 뜯겨 배가 정박했을 때는 뼈대만 앙상하게 남아 있었다. 아나키즘이 지니고 있는 풍부한 환상과 이상 그리고 예언은 세월이 흐르면서 여러 곳에서 여러 사람이 가져가고 아나키즘은 뼈대만 남는다. 그리고 아나키즘은 다시 지하로 돌아간다. 아나키즘은 양초 같은 존재이기도 하다. 누군가 그 양초에 불을 밝히면 타 없어지고, 새로운 양초로 다시 나타난다.

아나키즘의 정체성을 규명하는 것은 변신술에 능한 제우스의 경호신 프로테우스와 씨름하는 것에 비유된다. 고전 아나키스트와 현대 아나키스트가 견해를 달리하는 부분도 적지 않다. 특히 국가, 법, 제도, 도덕 문제에 대해 더욱 그러하다. 그 원인은 크로포트킨의 말을 빌리면, 아나키즘 사회는 어떤 틀에 고정되어 있는 것이 아니라 새로이 등장하는 욕구에 따라 끊임없이 진보하고 재조정되는 사회이기 때문이다. 아나키스트는 절대적 교의를 부정한다. 진정한 아나키스트는 아나키즘을 부정한다는 말도 있다. 그래서 많은 아나키스트는 모순을 즐긴다. 같은 주제에 대해 서로 모순된 의견을 제시하기도 한다. 그리고 그 모순에 의의를 부여한다. 마치 하나의 동전이 두 개의 표면을 가진 하나의 물건이듯 모순 속에서 균형을 이루고자 한다. 모순의 균형은 아나키즘을 역동적으로 만드는 제일 큰 요소가 아닌가 생각된다. 많은 사람이 아나키즘의 잔가지 이론만 보다가 혼란을 느끼는 것은 자연스러운 것이기도 하다.

머리말 7

이 책은 크게 두 부분으로 구성되어 있다. 제1부는 아나키즘이 지니고 있는 인식 체계의 내용과 특징을 다루는 데 중점을 두었다. 또한 나의 생각보다는 다양한 아나키스트의 생생한 목소리를 통해 정리하려고 노력했다. 제2부에서는 아나키즘의 현대적 조명과 관련해 몇 개의 주제를 다루어보았다. 오늘날 아나키즘은 정치 이념보다는 '인간 삶의 양식'과 사회운동으로 다양하게 조명되고 있다. 앞으로 연구할 주제가 많은 분야이다.

이 책을 발간하면서 먼저 이문창 선생님께 감사드린다. 팔순이 넘어서도 청년 같은 정열로 자유공동체를 꿈꾸고 계신 선생님이 경이롭다. 또한 이 책의 출판을 맡아주신 이학사의 강동권 사장님께도 감사드린다. 강 사장님은 아나키즘에 대한 해박한 지식을 가지고 용어 정리에서 문장 구성에 이르기까지 정성껏 도와주셨다.

현재 우리나라에서 논의되고 있는 아나키즘의 여러 측면을 섭렵하려고 했으나 많은 아쉬움이 남는다. 한국 아나키즘운동의 특징과 한국 전통 사상에 나타난 아나키적 성격을 다루고, 세계 각국에서 전개되고 있는 각종 아나키즘운동도 소개하고 싶었으나, 이는 후일로 미루고자 한다.

2006년 10월 모락산 우거에서
방영준 씀

차례

머리말
05

제1부 아나키즘이란 무엇인가
11

1장 왜 다시 아나키즘인가
13

2장 아나키즘, 어떻게 태어났나
18

3장 아나키즘 정의들의 뿌리는 무엇인가
27

4장 아나키즘 정치 의사의 내용과 특징은 무엇인가
65

5장 아나키즘의 실천 방법과 달레마는 무엇인가
108

제2부 아나키즘, 어떻게 나래를 펴고 있나
141

1장 아나키즘 지금 어떻게 재생되고 있는가
143

2장 아나키즘 교육에 어떠한 영향을 미치고 있는가
157

3장 아나키즘 복지에 이론은 어떻게 바꾸었나
179

4장 새로운 아나키즘의 현 모습: 사회 생태주의
198

5장 아나키즘이 불교와 닿았나?
216

맺고 덧붙임
223

찾아보기
237

11

제1부 아나키즘이란 무엇인가

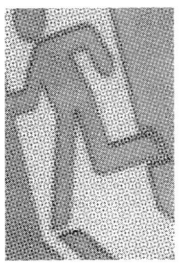

1장 왜 다시 아나키즘인가

"아나키즘은 정부가 없는 사회에서의 생활과 행동에 관한 원리 또는 이론에 붙여진 이름이다. 이러한 사회에서 조화는 법에 순종한다거나 어떤 권위에 복종한다고 해서 얻어지는 것이 아니다. 조화는 생산과 소비를 위해서 자유롭게 구성된, 또한 문명화된 인간으로서 욕망과 열망의 무한한 다양성을 만족시키기 위해 구성된, 다양한 그룹과 지역·직업 간의 자유로운 동의의 결과에 의하여 얻어진다."(Kropotkin, 1910: 914) 이것은 아나키즘의 이론을 체계화하는 데 제일 큰 공헌을 한 크로포트킨Peter Kropotkin의 아나키즘에 대한 가장 함축적인 정의로 평가되고 있다.

교의Doctrine로서의 아나키즘Anarchism은 많은 혼란과 호기심을 불러일으키고 있다. 아나키즘이 많은 관심을 끄는 것은 그것이 자연적인 조화의 찬미와 권위에 대한 저항을 통치 기구의 부정과 연결시키면서 정치사회철학의 여러 문제에 풍부한 상상력과 충격을 던져주고 있기 때문이다.(Apter, 1971: 1) 프랑스혁명과 볼셰비키혁명 사이의 사상사적 불연속성의 시대에 구체화된 아나키즘은 다양한 모습과 이미지를 나타내고 있다. 고드윈William Godwin, 슈티르너Max Stirner, 프루동Pierre-Joseph Proudhon, 바쿠닌Mikhail Bakunin, 크로포트킨 등에 의해 아나키즘의 전통이 형성된 이래 아나키스트는 "뒤죽박죽의 혼란된 설교자" 또는 "천진난만한 꿈의 옹호자"로 비춰지기도 한다.(Ritter, 1980: 1) 반면에 이러한 아나키즘은 다양한 이념을 함께 연결시킬 수 있는 규범적 교의로도 평가된다.(Apter, 1971: 3) 아나키스트들은 낭만주의자·니힐리스트·부르주아 급진주의자로 비춰지는가 하면 자유주의자·평등주의자·평화주의자·자연주의자로 비춰지기도 한다.

오늘날까지 아나키즘의 모습은 다양하게 변하여왔다. 아나키스트는 20세기 초에 정치적 신념으로 인해 미국으로의 이민이 금지된 유일한 집단이기도 하였다. 1930년대부터 1960년대에 걸쳐 아나키즘은 거의 논의되지 않아서 마치 사라져버린 이데올로기처럼 보였다. 그러나 1970년대에 들어서면서 아나키즘 사상은 많은 흥미와 관심을 끌게 되었다. 1968년의 68혁명을 비롯하여 세계 각지에서 일어났던 학생들의 각종 저항운동은 아나키즘적 기치를 내세운 것으로 평가되고 있으며, 아나키스트가 사용하는 검은 깃발Black Flag이 자주 눈에 띄었다.

이와 함께 산업사회의 여러 문제점과 관련된 각종 저항문화운동과 신좌파New Left운동이 아나키즘의 부활로 평가받고 있다. (Miller, 1984: 141~153) 또한 근래에 관심의 대상이 되고 있는 소집단적이고 일차 집단적인 지향이 강한 공동체운동도 아나키즘의 부활이라는 맥락에서 이해되기도 한다. 포스트모더니즘도 아나키즘의 아류로 평가되기도 하고, 권위주의적이고 체제 유지적인 교육제도에 대한 대항 이론으로 아나키즘 교육론이 활발히 전개되고 있기도 하다. 그리고 세계평화운동을 전개하는 평화주의적 아나키즘(아나르코 패시피즘Anarcho-Pacifism)으로 나타나기도 한다. 이러한 현상은 현대 산업사회의 복잡함에 대한 혼란과, 처방 능력과 신선감을 상실한 채 복잡한 이론적 변명으로 채색된 기존 이데올로기에 대한 염증 및 저항감과 밀접한 관계가 있다. 이것은 자주인을 강조하면서 소박한 이론을 제시하는 아나키즘에 많은 사람이 관심을 두는 원인으로 지적되기도 한다.

그러나 이보다 더 큰 원인은 아나키스트의 사회 인식 체계가 오늘의 사회에 높은 적실성과 예언력을 가지게 된 점일 것이다. 아나키즘에 대한 관심은 한국 사회에서도 일어나고 있다. NGO 등 각종 시민사회운동의 뿌리로서 아나키즘 사상이 거론되고 있다. 근래에 한국의 근·현대사의 재조명이 거론되면서, 일제강점기 독립 투쟁에 나타난 아나키즘운동에 대한 관심이 높아지고 있다. 또한 한국의 문단 일각에서 아나키즘 문예론에 관한 논의가 새롭게 제기되고 있다. 그동안 아나키즘에 대한 연구는 거의 불모의 상태에 있다가 이제서야 연구의 싹이 돋고 있다. 아나키즘을 연구하는 학회도 생겼다.

아나키즘의 본질을 규명하는 것은 프로테우스Proteus와 씨름하는 것에 비유된다. 프로테우스는 상황에 따라 자신의 모습을 변신시키는 제우스의 경호신이다. 독단과 권위를 배제하고 또한 완벽한 흉내를 내는 이론을 피하면서 극도의 자유와 개인적 판단의 우위를 강조하는 아나키즘의 자유인적 태도의 성격은 각양각색의 견해가 발생할 가능성을 이미 열어놓고 있다. 아나키즘은 대해로 향하여 흐르는 물줄기라기보다는 오히려 지각의 여러 구멍을 통해 스며 나오는 물의 양상을 보여준다. 즉 땅속을 흐르는 지하수가 되기도 하고 때로는 물이 모여 연못을 이루기도 하고, 지면의 갈라진 틈새로 분출되기도 한다.(Woodcock, 1962 : 15) 교의로서나 운동으로서나 아나키즘은 사라지지 않고 잠복될 뿐이며, 계기적인 맥락에 따라 새로운 모습으로 다시 등장한다.

"아나키즘 사회는 성장해오고 있는 욕구에 따라서 끊임없이 진보하고 항상 재조정되는 사회이다"라고 한 크로포트킨의 말을 상기해볼 필요가 있다. 아나키즘에는 단일한 경전이 없다. 이것은 아나키즘의 특성상 지극히 자연스러운 것이기도 하다.

아나키즘은 현실 자체의 다원적 구조 위에 서 있다. 따라서 아나키즘은 개개인의 표현에 따라 다양한 이론으로 나타나기도 한다. 아나키즘을 한마디로 설명하는 것은 어렵다. 그러나 아나키즘이 복합적이고 모순적인 면이 있다 해도 어떤 하나의 경향성이라고 할 만한 것은 분명하게 있다. 그것은 강제를 배척하고 자유 사회에 이르고자 하는 정신이다.

아나키즘은 인간의 근원적인 욕망이나 이상을 근거로 하고 있다. 따라서 아나키즘은 합리주의만이 아니라 낭만적인 감상이나 동경까지도 포함하고 있다. 아나키스트 개개인의 주장 가운데 아무리 많은 오류가 있을지라도 그들이 제기했던 문제는 인간에게 영원한 과제이다.

아나키즘은 하나의 정치운동이나 철학 또는 예술적 감각의 측면에서만 정의되기는 어렵다. 아나키즘은 그 모든 것이며, 그 이상이다라고 할 수 있다.

오늘날 아나키즘에 대해서는 이데올로기로서보다는 정치철학으로서 많은 논의가 진행되고 있으며, 이러한 논의는 자유주의·민주주의·개인주의·자본주의·사회주의·공산주의 등의 다양한 가치와 연결되어 많은 논쟁점을 던지고 있다. 이러한 현상은 여러 학자들이 "아나키즘 속에서 환상이 가득 찬 사회 인식의 풍부한 영역"을 발견하였기 때문이다.

오늘날 아나키즘을 하나의 '삶의 양식Way of Life'으로 받아들이는 경향도 강해지고 있다. 자연적인 삶, 자율적인 삶을 근간으로 하는 문화 및 생활 의식의 변혁을 시도하는 사람들이 아나키즘을 선호하고 있다. 이와 함께 아나키스트 사상에 걸맞은 생활 양식이 다양하게 제시되고 있다. 채식주의, 옷으로부터의 해방 등이 그러하다. 아나키즘을 미학적 입장에서 조명하고 길을 찾는 미적 아나키즘도 이런 유라 할 것이다.

1장 왜 다시 아나키즘인가 17

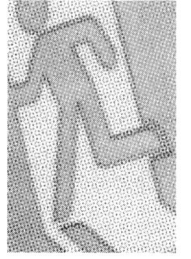

2장 아나키즘, 어떻게 태어났나

아나키Anarchie라는 말은 매우 오래전부터 사용된 용어이다. 고대 그리스의 호머Homer와 헤로도토스Herodotos는 아나키를 '지도자가 없는, 장수가 없는'의 의미로 사용하고 있으며, 유리피데스Euripides는 '키잡이가 없는 선원'으로 표현하고 있다. 플라톤은 민주주의를 비판하는 용어로서 Anarchie라는 말을 사용하였다. 즉 민주주의를 아나키한 것으로 표현하고, 자유의 가면을 쓰고 무질서가 지배하는 것으로 보았다. 나아가 그는 아나키라는 용어를 보편적인 윤리의 붕괴로까지 확대하였다. 아리스토텔레스도 이와 비슷한 견해를 가졌다. 이러한 아나키라는 용어에 대한 부정적인 해석은 여러 사상가들에 의해 다양한 의미로 해석되면서도 지속되어왔다.[1]

아나키라는 용어가 정치적인 의미로 본격적으로 사용된 것은

18

프랑스혁명기에서부터이다. 당시 아나키란 용어는 반대자를 비난하기 위한 부정의 용어였고 때로는 욕설이었다. 예를 들면 지롱드파Gironde의 브리소Brissot는 과격파Enrages를 아나키스트로 호칭하면서 아나키를 다음과 같이 정의하고 있다.

> 법률은 실시되지 않고, 권위는 무너지고 경멸당하고, 범죄는 처벌되지 않고, 재산은 약탈당하고, 개인의 안전은 침해되고, 국민의 도덕은 타락하고, 법도 정부도 없고, 정의도 없다. 이것이 아나키의 특색이다.(Woodcock, 1962: 8~9)

이렇게 아나키란 말은 무질서, 혼돈, 혼란의 동의어로서 경멸의 뜻으로 이해되었다. 그런데 역설의 인물이요 모순의 선동자임을 자부하는 프루동이 『소유란 무엇인가?Qu'est-ce que la propriété?』에서 이 아나키라는 용어를 역설적으로 채택하여, 그의 사상을 표상하는 용어로 사용하기 시작하였다.(Proudhon, 1980: 65)

프루동은 반대자들에게 공격의 기회를 주지 않기 위해서 간혹 아나키를 an-archie라고 철자하는 양보를 하기도 했다. 그는 아나키란 용어를 혼란과는 전혀 반대의 뜻으로 사용하고 있었다. 혼란을 조성한 책임은 권위적인 통치 기구에 있으며 통치하는 기관이 없는 사회만이 자연스러운 질서와 사회의 조화를 회복할

---

1) 'Anarchie'에 대한 어원과 그 의미의 전개 내용은 Ritter(1961: 267~277) 참조.

수 있을 것으로 그는 믿었다. 그러나 이에 대한 적절한 용어가 발견되지 않았으므로 그는 아나키라는 옛말을 끌어다 그 어원의 엄밀한 의미를 회복시켜 논쟁을 했던 것이다. 그는 논쟁의 열기 속에서 역설적으로 아나키란 말을 질서와는 정반대의 의미로 사용하면서 논쟁의 혼란을 더욱 조장하는 익살을 고집하였다.

이 점은 러시아 출신의 아나키스트인 바쿠닌도 마찬가지이다. 프루동과 바쿠닌은 심지어 이 용어를 정반대되는 두 가지 의미로 사용하는 데서 야기되는 혼동을 희롱하는 심술궂은 쾌락을 즐기는 것처럼 보이기도 했다. 아나키는 거대한 혼란이면서 또한 자유와 연대성에 기초를 둔 새롭고 안정된 합리적 질서를 표상하는 역설의 용어였다. 이런 면에서 아나키는 현대 과학의 카오스 이론과 맥락을 같이한다고 볼 수 있다.

그러나 아나키즘의 두 사부의 제자들은 아나키란 용어의 이중성과 그 유연성에 불만을 느꼈으며, 초보자에게 부정적인 사상으로 비쳐지고 바람직하지 못한 오해를 야기시킬 위험의 가능성 때문에 이 용어를 사용하는 것을 주저했다. 프루동 자신도 그의 생애가 끝날 무렵에는 조심스럽게 자기 자신을 연합주의자Federalist라고 불렀고, 그의 추종자들은 아나키즘이라는 말 대신에 상호주의Mutualism라는 말을 애용했으며, 그의 사회주의 계열은 집산주의Collectivism라는 말을 사용하다가 곧 코뮌주의(공동체주의 Communism)라는 이름으로 바꾸었다.

그후 19세기 말에 프랑스에서는 세바스티앵 포르Sébastien Faure

가 일찍이 1858년에 조제프 데자크Joseph Déjacque 등이 쓰기 시작한 리베르테르Libertaire란 말을 그 신문의 명칭으로 채용했다. 오늘날에 와서는 아나키스트란 말과 리버테리언Libertarian이라는 말은 서로 바꿔 놓여질 수 있게 되었다.(Guérin, 1970: 13)

그러나 이러한 용어는 아나키스트가 묘사하려는 사상의 기본적 성격을 적절히 표현하지 못하고 있다는 비판을 받고 있다. 일부 현대 아나키스트들은 좀 더 명료한 술어를 채용하여 그 애매성을 일소하고자 노력하고 있다. 그들은 스스로를 자유 사회주의자Libertarian Socialist라는 말로 호칭하기도 한다. 한국에서 아나키즘에 관심을 두고 있는 사람들은 '자유공동체주의' 또는 '자주공동체주의'라는 용어를 사용하기도 한다.

아나키즘에 있어 용어의 문제는 역설을 즐긴 다다이즘Dadaism적 체취를 풍기고 있다. 즉 아나키스트는 어린애의 옹알이의 의성어인 '다다Dada'를 채용하여, 과거의 가치 체계 일체를 부인하고 파괴함으로써 자신의 알리바이를 확인하려한 다다이스트를 연상시킨다.

아나키즘의 주창자들은 이론적으로는 전통적인 권위를 거부하지만 그들의 교의의 선조들에 대해서는 많은 관심을 두고 있다. 이것은 아나키즘이 자연스러운 인간적 충동이라는 것을 역사 속에서 증명하려는 의도에서 나온 것이라고 하겠다. 즉 크로포트킨, 네틀라우Max Nettlau, 로커Rudolf Rocker와 같은 아나키스트들은 역사 속에 산재한 아나키즘적 사상들을 추적하는 데 큰 관심을 가졌다. 이들이 찾아내고 가꾼 아나키즘 계보의 나무는 너무나 무성하고 가지가 많다.

크로포트킨은 그의 주저 『근대과학과 아나키즘Modern Science and Anarchism』에서 아나키즘의 기원을 개개의 사상가 속에서가 아니라 민중People 속에서 찾고 있다. 그는 아나키즘이 민중의 운동에 머무르는 한에 있어서만 그 생명력과 창조력을 유지할 수 있다고 주장한다. 또한 그는 아나키즘의 기원은 고대 석기시대에서도 발견될 것임에 틀림없다고 추측하고, 반항운동의 모든 음정을 통하여 영국의 초기 조합운동에까지 더듬어간다.

민중 속의 아나키즘에 대한 탐구와 병행하여 과거의 철학자나 저술가의 사상 속에서 아나키즘의 요소를 찾는 연구도 행하여지고 있다. 노자, 아리스티푸스Aristippus, 제논Zenon, 페늘롱Fénelon, 디드로Diderot 등이 아나키즘의 동류로서 거론되고 있으며, 재세례파Anabaptists 등 여러 기독교 분파와 각종 저항운동도 여기에 동참시키고 있다.(Woodcock, 1962 : 36~43) 석가와 예수를 아나키즘의 선조로 보기도 한다.

역사 속에 무성하게 가지를 펼친 이 아나키즘 계통수의 뿌리는 아나키즘운동이나 아나키즘 이론에 권위를 부여하기 위하여 만들어진 신화는 결코 아니다. 또한 원시민족이나 종족이 전통이나 타부에 권위를 주기 위하여 만든 것과 같은 토템 신화도 결코 아니다. 그 뿌리가 굳건한 것은 아나키즘 사상이 인간이 지니고 있는 원초적 본성과 갈망에 토대를 두고 있기 때문일 것이다.

22

일반적으로 아나키즘의 핵심에 있는 어떤 태도, 즉 인간의 본질적 품성에 대한 신뢰, 개인의 자유에 대한 강한 갈망, 지배의 부정 등은 역사를 통해 도도히 흘러온 사상이다. 아나키즘적인 태도는 확실히 역사를 통하여 적어도 동서양을 막론하고 고대사회까지 소급해서 발견할 수 있을 것이다. 그러나 발전된, 뚜렷한 하나의 이데올로기적 경향으로서의 아나키즘은 근대의 사회적·정치적 혁명의 와중에 탄생되었다. 도덕적인 비전과 급진적 사회 비판이 특수하게 결합된 성격을 지닌 이데올로기로서의 아나키즘은 중세 질서가 무너진 뒤에 비로소 뚜렷한 형태로 출현하기 시작했다.

이데올로기란 그 이데올로기를 배태, 생성시킨 사회, 환경 체제의 다양한 요소와 관련을 맺고 있다. 근대 아나키즘의 탄생은 18~19세기의 유럽의 이념사적 맥락에서 찾아야 할 것이다. 이에 아나키스트 역사가들이 만들어놓은 무성한 계통수에 뚜렷이 떠오르는 근대적 아나키스트들이 있다. 즉 근대 아나키즘의 이론적 시조로 불리는 영국의 고드윈, 독일의 슈티르너, 프랑스의 프루동, 러시아의 바쿠닌, 크로포트킨 등이 주요 인물이고, 좀 덜 알려진 인물로는 말라테스타Errico Malatesta, 르클뤼Elisée Reclus, 터커Benjamin Tucker 그리고 워렌Josiah Warren 등이 있다. 이들 아나키스트는 아나키즘의 이론 정립에 많은 문헌적 자료를 제공하고 있다.

이상의 아나키스트들은 개인적인 성향에도 불구하고 공통의 환경과 개인적 친밀성Personal Affinities으로 인해 그룹을 이루고 있어 이를 몇 개의 범주로 유형화할 수 있다.

아나키즘의 다양한 분광도分光度 선상의 한쪽 끝에—그것을 좌익이라 부르건 우익이라 부르건—개인주의적 아나키즘Individualistic Anarchism이 있다. 이것은 어떠한 결사체로부터도 독립된 개인에게 강조점을 두고 있다. 개인주의적 아나키즘의 대열에는 고드윈, 슈티르너, 터커, 워렌, 볼프R. P. Wolff 등이 있다. 이들은 다시 개인주의적 아나키스트와 자본주의적 아나키스트Anarcho-capitalist로 나누어지기도 하며, 또한 최소 요구주의자Minimalist나 리버테리언으로 알려져 있기도 하다.

분광도의 다음 지점은 프루동의 상호주의이다. 그는 개인의 자유를 엄격히 옹호하면서도 개인주의적 아나키스트와는 다르다고 할 수 있다. 그는 미래의 세계를, 경제적으로는 생산수단을 소유하지 않고 점유한 개인과 소집단의 형태에 기초를 두고, 각 개인에게 자기 자신의 노동의 생산물을 보증하는 교환과 상호 신용의 계약에 의하여 결합되어 있는 코뮌Commune과 노동자 협동조합의 대연합으로 구상한다.

이러한 상호주의의 지점 다음에는 집산주의, 아나르코 코뮤니즘Anarcho-communism(공동체주의적 아나키즘), 아나르코 생디칼리즘Anarcho-syndicalism(조합주의적 아나키즘) 등 세 변종이 있다. 이들은 모두 프루동 이론의 몇 가지 요소, 특히 그의 연합주의Federalism와 노동자들의 결합의 강조라는 요소를 보유하며, 이것이 그의 상호부조론의 신봉자들로 하여금 1865년에 인터내셔널의 최초의 프랑스 지부를 결성하게 하였다. 그러나 바쿠닌과 1860년대 후반의 집산주의자들은 아나키스트의 태도를 성장하는 산업사회에 적응시키기 위하여 프루동의 개인적 점유라는 주장을 우애적인 집단의 점유라는 생각으로 바꾸어놓았다. 1870년대 후반에 크로포트킨과 그의 추종자인 아나르코 코뮌주의자들(공동체주의적 아나키스트들)은 이를 다시 논리적으로 일보 전진시켰다. 그들은 지방 코뮌과 이와 유사한 결사체를 산업 수단의 적당한 단위로 구상했다. 또한 그들은 모든 형태의 임금제도를 공격하고 '그 능력에 따라 각자에게'를 '그 필요에 따라 각자에게'로라는 슬로건으로 바꾸고, 이 슬로건을 기초로 하여 각자의 욕망에 따라 누구라도 공동의 창고에서 필요한 것을 가질 수 있도록 하는 문자 그대로의 코뮌주의의 사상을 부활시켰다. 아나르코 코뮌주의자들과 10년 후 프랑스 노동조합 속에서 나타난 아나르코 생디칼리스트와의 주요 상위점은, 후자가 혁명적인 노동조합을 투쟁의 기관으로 삼고 있으며 또한 미래의 자유 사회는 노동조합을 기초로 해서 세워진다는 점을 강조한 데에 있다.

끝으로 개인주의적 아나키즘에서 아나르코 생디칼리즘에 이르는 곡선에서 약간 벗어나 있는 톨스토이주의와 제2차 세계대전의 전전과 전중에 주로 네덜란드, 영국, 미국에서 나타난 평화주의적 아나키즘이 있다. 톨스토이는 아나키즘을 폭력과 결부시켰기 때문에 아나키즘이란 명칭을 물리쳤으나, 절대 자유주의적 복음주의 입장에서 국가 및 권위주의적 형태를 철저하게 반대한 것은 그의 사상을 분명히 아나키즘적인 궤도에 올려놓는다. 그의 신봉자들과 현대의 평화주의적 아나키스트들은 톨스토이가 물리친 명칭을 다시 인정하고, '행동에 의한 선전'의 평화운동으로 현대사회를 자주인적 사회로 만드는 데 그들의 관심을 집중하고 있다.

지금까지 말한 각양각색의 아나키스트 유파 간의 차이점은 한편으로는 크게 보이지만 사실상 혁명의 방법, 경제조직이라는 두 범위에 한정되어 있다. 모든 유파는 만일 아나키스트의 희망이 달성되어 정치적 지배가 끝난다면 경제관계 속에서 조직을 어떤 형태로 구성하느냐가 중요 과제가 될 것이라는 것을 인정한다. 지금까지 살펴본 여러 유파 간의 차이점은 '협동적 사물의 관리'가 개인의 독립을 침해할 위험 없이 어디까지 적용될 수 있느냐 하는 견해의 차이를 반영한다. 한 방향의 극에 선 개인주의적 아나키스트들은 개인의 희생을 강요하는 모든 협동을 위험시한다. 다른 방향의 극에 선 아나르코 코뮌주의자들은 상호 연결하는 상호부조 제도의 광범위한 망상 조직을 개인의 이익을 위하여 필요한 보호 수단으로 구상하고 있다. 아나키즘의 유형은 개인의 자주성과 공동체라는 문제를 어떻게 결합시키느냐에 따라 다양하게 제시되고 있다.

3장 아나키즘 정의관의 뿌리는 무엇인가

1. 자연론적 사회관

다양한 아나키스트 학파는 그들의 철학의 핵심을 형성하는 일군의 공통된 가설에 의하여 결합되고 있다. 그것은 자연론적 사회관이다.(Woodcock, 1962: 17) 아나키스트들은 이러한 자연론적 사회관을 바탕으로 하여 인간은 타고나면서부터 자유와 사회적 조화 속에서 살 수 있기 위한 모든 성질을 자기 속에 갖고 있다는 주장을 인정한다. 그들은 인간이 천성적으로 선하다고 믿고 있으며 혹 믿지 않는다 하더라도 인간을 서로 자발적으로 상호 협조하면서 성취해가는 존재로 본다.

호로비츠Irving L. Horowitz는 "아나키즘은 자연이라는 아이디어와 깊이 연관되어 있다"(Horowitz, 1970: 22)라고 말한다. 사실상 아나키스트는 '자연'이라는 아이디어에 강박당해 있다고 말할 수 있을 정도로 '자연' 개념은 거의 모든 주도적인 이론가들의 저작에 핵심적인 위치를 차지하고 있다. 이러한 자연 개념은 아나키즘의 교의, 즉 권위의 거부, 정부 및 국가에 대한 혐오, 상호부조, 소박성, 분산화, 정치에의 직접 참여 등의 원천이자 기초가 되고 있다. 고드윈은 어느 사회이건 인간의 행복과 양립할 수 있는 사회는 생동하는 자연적 성장체여야 하고, 이에 대립하는 사회는 이른바 '합리적'인 개념화에 의해 시도된 '국가'라고 주장한다. 그는 이러한 국가를 형성한 합리적인 논리가 그 한계를 벗어나 적용되는 경우에는 인간의 정신이나 마음을 노예화하고 말 것이라고 강조한다.(Godwin, 1976 : 83~163)

프루동은 사회 내에 작용하는 균형의 자연 섭리를 간파하고 권위는 질서의 벗이라기보다는 적이라고 하여 이를 거부한다. 『소유란 무엇인가?』에서 프루동은 사회가 기능하는 '실질적인 원리'는 권위와는 아무 관련이 없으며, 사회는 위로부터 부과된 것이 아니라 사회 그 자체의 속성으로부터 연유되는 원리에 의해서 기능한다고 주장한다. 따라서 진정한 섭리인 질서의 유지를 위해 통치는 불필요한 것이라고 본다. 왜냐하면 프루동의 논리에 의하면 인간은 본래 사회적인 존재이므로 자발적으로 생동하고 성장하는 사회는 사실상 자연스러운 사회이기 때문이다. 이 점은 크로포트킨의 『근대과학과 아나키즘』에서도 강조되고 있다.

아나키스트가 이상적이라고 생각하는 사회는 그 구성원의 모든 호혜적 관계가 법에 의해서나 권위에 의해서가 아니라 오로지 사회 구성원 사이의 상호 동의, 사회적 습관, 전통의 집적에 의해 자율적으로 규제되는 사회이다. 그러므로 아나키스트는 지배적인 모든 권위를 거부한다. 인간이 인간을 지배하는 정부를 거부할 뿐만 아니라 모든 가식이나 형식을 거부하며, 단지 자연계에서 보는 바와 같은 지속적인 진전과 진화만을 원할 뿐이다.(Kropotkin, 1976a: 55)

크로포트킨이 주장하는 바와 같이 인간이 본질적으로 사회적인 존재이고 따라서 사회가 자연적인 성장의 산물이라면, 인간이 인위적으로 창조하여 고안한 법을 강요하고 실시하려는 이들은 사회의 적이라고 할 수 있다. 또한 인위적인 법에 저항하는 아나키스트는 반사회적인 존재라 부를 수 없으며, 다만 사회적 균형을 자연적이고 본질적인 방향에 맞추어 조정하고자 노력하는 자들인 것이다. 프루동과 크로포트킨은 인간이 본질적으로 사회적인 존재이며 권위가 파괴될 경우 이를 충분히 감당해낼 수 있는 능력을 지니고 있다고 본다. 더 나아가 그들은 자유롭고 자연적이고 본질적인 우애적 결속에 의해 사회를 유지할 수 있는 인간의 강력한 윤리·도덕적 충동을 믿고 있다.(Barber, 1971: 18)

소로우Henry David Thoreau는 "신을 자연과 동일시할 수 있고 세상만사를 강줄기가 인도하는 대로 맡겨둘 용의가 있음"을 이

야기했다. 그는 창조적인 무위성 내지 자율성은 인간의 정신적인 안녕, 건강을 위해 절대적으로 필요한 것이라고 생각했다. 또한 그에게 있어 여타의 사회적 경험과 달리 자연을 접함으로써 얻어지는 경험은 창조적 상상력에 촉진제 역할을 하는 것이며, 이에 못지않게 도덕적 의지의 형성을 위한 단련과 수양의 역할도 하는 것이다. 한 걸음 더 나아가 그는 인간과 자연의 친교와 합일은 동료 인간과의 다른 어떤 관계보다도 더욱 근본적인 것이라고 생각했다.

따라서 아나키스트들의 경우, 직접행동의 요구 내지 참여에의 요구도 그 근저에는, 호로비츠의 어구를 빌리자면, "무위·자율의 심리적인 가치에 대한 주장 내지 고집"(Horowitz, 1970: 22)이 깔려 있는 것이다. 자연에 대한 이러한 인식, 즉 자연의 유일성·화합성·무위성·자율성이 아나키스트들로 하여금 개인의 자유와 질서 정연한 사회생활과의 조화 내지 통일을 믿게 한 이유일 것이다. 이들에게 있어서 개인의 이익과 사회의 이익은 적대적인 것이 아니라 상호부조적인 것이다. 이들의 논리에 의하면 일부를 위해 특권을 만들고 이를 영구화하기 위해 수립된 권위적인 사회제도가 간섭하지 않는다면, 개인의 이익과 사회의 이익의 조화는 자연스럽게 이룩될 것이라고 한다.

이러한 호혜적인 자연성의 문제는 프루동에 의해 '정의'라는 이름으로 표현되고 있다. 이러한 정의는 완전히 인간적이며 본래 타고나면서부터 지니는 것으로 주장되고 있다. 프루동에 의하면 '인간은 그 존엄을 자기 자신과 타인 속에서 동시에 느끼며, 그리하여 인간은 마음속에 자기 자신을 넘어선 도덕의 원리를 갖고 있다'는 것이다. 또한 이 원리는 '밖으로부터 인간의 속으로 들어오는 것이 아니라 본래 그의 속에 잠재하여 그 속에 내재한다. 그것은 인간의 본질을 이루고 사회 자체의 본질을 구성한다. 그것은 인간 정신의 참된 형태이며 이 형태는 일상 사회생활을 영위하는 가운데서 구체화되고 완성을 향하여 성장한다'는 것이다. 즉 '정의는 사랑처럼, 아름다움이나 공리나 진리의 개념처럼, 또한 우리의 모든 힘과 능력처럼 우리 속에 존재하고 있다'는 것이다.(Woodcock, 1962: 20)

크로포트킨은 호혜적인 자연성의 문제를 모든 윤리적 원칙의 기반으로 삼았다. 즉 인간의 '자연적 호혜성' 혹은 '자연적 사회성'이란 관념은 바로 크로포트킨이 그의 저서 『상호부조론Mutual Aid』, 『빵의 쟁취The Conquest of Bread』 및 『근대과학과 아나키즘』에서 강력히 주장했던 논지이다. 크로포트킨의 논지는 '상호부조'가 사회 성장에 있어 엄청나게 큰 역할을 했으며 그것이 사실상 '진전과 진화의 주요인'이라는 것이다.

'상호부조'의 개념은 크로포트킨의 아나키즘 철학의 요체일뿐만 아니라 그의 모든 윤리적 원칙의 기반이기도 하다. 그는 윤리와 도덕은 인간의 본능적 사회성으로부터 생성되었으며 진전되었다고 주장한다. 그가 말하는 인간의 본능적 사회성이란 사람들 사이에 있어 행복의 긴밀한 의존성, 그리고 다른 사람의 권리가 자기 자신의 그것과 동등하다고 느끼게 유도하는 정의 및 형평 의식에 대한 무의식적인 인지인 것이다. 따라서 그는 "과학적 윤리·도덕의 모든 원리와 원칙은 인간의 사회적 필요 및 습관으로부터 추론할 것"(Kropotkin, 1970a: 53)을 제안하고 있는 것이다. 물론 그가 인간 행태의 부정적 측면을 묵인하고 부인하는 것은 아니다. 문제의 핵심은 개인의 목적을 달성하기 위하여 타인을 억압하고자 하는 인간의 충동적 심성을 좌절시킴과 동시에, 공통적 노력에 의해 공공복리·공공 목적을 달성하고자 하는 인간의 느낌을 고양시키는 데에 있다.

이렇게 볼 때 크로포트킨의 주장은 다음과 같이 요약될 수 있다. 즉 인류의 생존은 바로 상호 협력 내지 상호부조에 절대적으로 힘입은 바가 크고, 따라서 갈등보다는 협조가 역사 과정이나 그 전개의 근본적인 원동력이라는 것이다. 이러한 크로포트킨의 주장은 홉스Hobbes의 견해를 전면적으로 부인하는 것이 된다. 크로포트킨은 "정직성·자존심·동정심 및 상호부조의 정신이 없다면, 마치 약탈을 일삼는 동물이나 노예를 거느리는 개미가 멸망하듯이 인간도 반드시 멸망하고 말 것이다"(Kropotkin, 1972: 49)는 사실을 강조하고 있다.

이러한 아나키즘의 자연론적 사회관은 아나키즘의 핵심 원리를 '자발적 질서 이론'으로 대변케 만든다. 콜린 워드Colin Ward는 아나키즘을 하나의 조직 이론으로 보고 있으며, 아나키즘의 자발적 질서의 중요성을 강조하고 있다.(워드, 2004: 제2장 참조)

이러한 자발적 질서 이론을 자연계에 적용시킬 때 생태론적 사유와 연결된다. 따라서 오늘날 아나키즘이 생태주의운동과 밀접한 연관을 맺으면서 아나키즘운동의 주류로서 등장한 것은 지극히 자연스러운 일이라 하겠다.

아나키즘의 이러한 정의관은 고전적인 우주론적·자연론적 정의관과 근대적 자연관에서 나온 정의관이 교직된 형태를 띤다. 특히 '자연적 호혜성' 또는 '자연적 사회성'은 스토아 철학의 영향을 많이 받은 것으로 볼 수 있다. 여기서 관심을 끄는 것은 도가 사상과 아나키즘의 유사성 문제이다. 노자에 있어서 자연은 도의 모습이며 모든 만물이 그 스스로 존재하며 변화해가는 과정 전체의 모습을 가리키는 개념이다. 따라서 도의 움직임은 곧 만물의 자발적 운동과 변화이며 그러한 모습이 곧 자연이라는 등식이 성립된다. 도는 우주의 본원이요 자연은 도의 성질이다. 이러한 자연관은 무위의 사상으로 나타난다.

이것이 정치사상으로 구체화될 때 많은 논쟁점이 생길 것이다. 그것은 자연이라는 의미의 포괄성과 애매성 때문이다. 여기서 유의할 점은 도가 사상에 대한 비판과 아나키즘에 대한 비판이 매우 유사하다는 것이다. 즉 도가 사상이 자연 신비주의, 이기적 개인주의, 부정적 회의론, 허무주의 등으로 비판받는 것처럼 아나키즘도 비슷한 내용으로 비판받으며, 이것은 아나키즘과 도가 사상이 다 함께 '자연'에서 내재적 삶의 원리를 도출하고 이를 전체사회에 통용시킨 데서 나왔다고 할 수 있다.

아나키즘의 정의관은 형이상학적 윤리관, 자연주의적 윤리관, 직관론적 윤리관이 교직된 형태로서 다양하게 나타나고 있다. 이와 같은 정의관은 루소Jean-Jacques Rousseau와 오늘날의 롤즈 John Rawls의 계약론적 정의론이나 상대주의적 입장에 선 맑스의 정의관과 대조된다. 자연관에 바탕을 둔 아나키즘의 정의관은 고전 윤리학이 지닌 난점을 함께 지니고 있다고 볼 여지가 있다.

그러나 자연관에 기초한 아나키즘의 정의관이 가지고 있는 난점을 극복하고자 하는 노력은 계속 있어왔다. 특히 아나키즘의 이론을 끊임없이 현실 생활과 연관시키면서 구체성을 부여하는 데 노력한 크로포트킨에 의해 그 극복이 시도되었다. 그는 『근대과학과 아나키즘』을 통해 아나키즘과 과학의 결합을 시도하고 있다.

아나키즘은 인간의 사회생활과 전 자연을 포괄하는 현상에 대해 역학적 해명을 하는 우주관이다. 그 연구 방법은 자연과학의 방법이므로, 이 방법에 의하여 일체의 과학적 결론이 검증되지 않으면 안 된다. [……] 그런 까닭에 아나키즘은 분명코 근대 생활에서 제기된 모든 문제에 대하여, 여태껏 낡은 형이상학적 신앙에서 해방되지 못한, 정치적 당파가 제공하는 해답과는 다른 해답을 주고, 또한 이러한 당파와는 다른 입장을 취하지 않으면 안 된다. [……] 법철학에서도, 도덕 이론에서도, 경제학에서도, 또한 국가와 제도에 대한 역사 연구에서도, 아나키스트들은 형이상학적 결론에 만족하는 자가 아니라 자기 결론의 자연과학적 기초의 근원을 탐구하는 자임을 증명하고 있다. 아나키스트들은 헤겔, 셸링, 칸트 등의 형이상학에 굴복하기를 거부하고, 로마법이나 교회법의 주해자들, 학식 있는 국가법의 교수들의 영향 아래 서려고 하지도 않는다. 그들은 자연과학자의 견지에서 최근 40~50년간 수행된 일련의 업적에 입각하면서 자신들의 학문 영역에서 제기된 모든 문제에 대하여 명쾌한 답을 주려고 노력한다.(크로포트킨, 1973 : 56~57)

이상의 내용에서 알 수 있듯이 크로포트킨은 아나키즘의 정당성을 과학에서 구하려고 하고 있다. 이러한 시도는 크로포트킨 자신이 저명한 지질학자라는 특성과 함께 지식사회학적 입장에서 볼 때 그 당시의 실증철학의 영향을 받은 것으로 보인다. 그러나 이러한 시도가 성공했는지는 명확하지 않다. 크로포트킨의 억제할 수 없는 낙관주의, 19세기의 진화론에 대한 절대적 존경, 민중에 대한 절대적 신뢰 등이 그에게서 참된 과학적 객관성을 앗아가버렸다는 비판이 있다.(Woodcock, 1962 : 205~206)

무어G. E. Moor는 인생의 목적 또는 행위의 법칙의 발견에 관한 방법을 기준으로 고전 윤리학을 형이상학적 윤리설, 자연주의적 윤리설 그리고 직관론적 윤리설로 나누고 있다.(Moore, 1956 : 38 이하 참조) 이 분류에 따르면 크로포트킨의 정의관은 자

3장 아나키즘 정의관의 뿌리는 무엇인가 35

연주의적 윤리설에 따르고 있는 것 같다. 자연주의적 윤리설이란 자연적 사실, 즉 경험할 수 있는 사실을 근거로 삼아 보편적인 인생의 목적 또는 절대적인 행위의 법칙을 추론해낼 수 있다고 믿는 이론을 말한다. '있는' 현재가 '있어야 할' 장래를 밝히는 데 유일하고 충분한 근거가 된다고 보는 점에 있어서 자연주의 윤리설은 형이상학적 윤리설과 입장을 같이한다. 그러나 형이상학적 윤리설이 '있어야 할 것', 즉 당위의 근거를 초경험적 '실재'에서 구하고 있는 데 반해, 자연주의적 윤리설은 당위의 근거를 경험적인 사실에서 구하고 있다는 점에 근본적인 차이점이 있다.(김태길, 1988: 30) 크로포트킨이 시도한 아나키즘과 과학을 결부하려는 시도는 당위와 경험적 사실을 통합하려는 시도이기도 하다.

아나키즘의 자연론적 사회관은 '자연과의 합치'를 주장한 우주론적·자연론적 정의관과 인간 이성의 믿음에 바탕을 둔 근대적 자연권 사상이 서구의 휴머니즘적 전통 및 유토피아적 전통과 맞물려 생성된 것으로 볼 수 있다.

2. 자주인적 개인

'개인과 자율' 또는 '자주인으로서의 개인'의 문제는 아나키즘 정의관 형성의 중요한 원천이다. 개인의 자율성, 자주성에 대한 강조는 모든 아나키스트들이 공통으로 갖고 있으나 특히 개인주의적 아나키스트에 의해 집요하게 주장된다. 개인주의적 아나키스트는 그 자신보다 우월한 어떤 존재도 인정하지 않는다. 그리고 신적인 것이든 인간적인 것이든 모든 규율과 권위에 반항한다.

자주적 개인의 중요성을 강조하는 개인주의적 아나키스트의 유형은 매우 다양하다. 고드윈의 인도적 아나키즘, 슈티르너의 에고이스트적 아나키즘, 터커의 자유방임적 아나키즘 등을 우선 거론할 수 있겠다. 그중에서도 슈티르너가 개인에 대한 집착이 제일 강하다.

개인의 자율성에 관한 명제는 슈티르너의 절대적인 관심사였다. 그는 주저『유일자와 그의 소유Der Einzige und sein Eigenthum』에서 독특한 개인의 고유한 가치, 즉 대체될 수 없는 유일의 본질을 지닌 인간을 찬양했다. 그는 불꽃 튀는 경구를 담은 발랄한 문체로 다음과 같이 쓰고 있다.(Guérin, 1970: 27~28)

"자기를 포기하는 가운데 당신 자신을 부정하는 자유를 찾을 것이 아니라 바로 당신 자신을 찾으시오. 〔……〕 당신들 각자로 하여금 전능적인 유일자가 되게 하시오."
"내가 옳은가 그렇지 않은가를 심판할 수 있는 것은 판사가 아니라 나 자신이다."
"내가 행할 권리를 가지지 않은 것은 내가 자유스런 의지를 가지고 행하지 않은 사항뿐이다."

"당신이 할 수 있는 권능을 가진 것이면 무엇이든지 행할 권리가 당신에게 있다."

또한 슈티르너는 자기 자신을 해방하기 위하여 개인은 부모와 교사들이 주입한 지적 하물을 선별해내는 일부터 시작하지 않으면 안 된다고 주장한다. 즉 '우상파괴'의 대사업에 종사하지 않으면 안 된다는 것이다. 이것은 소위 부르주아 도덕의 파괴에서부터 시작된다. 슈티르너의 공격은 공산주의자에게도 옮겨간다. 그는 공산당의 획일주의에 대하여 냉엄한 비판을 가한다. 즉 당원들이 언제 어디서나 당에 복종하지 않으면 안 되며, 당의 명령은 당원들에게 확실하고 의심할 수 없는 것으로 당원들은 몸도 마음도 당의 것이 되지 않으면 안 된다는 것을 비판한다. 슈티르너는 획일적인 정당은 결사이기를 그친 시체에 불과한 것으로 본다. 그는 계속해서 성도덕의 문제, 친권적 도덕 가치, 학교의 주입식 교육 등에 비판을 가한다. 그의 거부의 정열은 그를 역설 속으로 이끌고 가 무의식중에 비사회적인 폭언을 하게 하기도 한다.

얼핏 보면 슈티르너의 교의는 다른 아나키스트의 교의와 다른 것처럼 보인다. 고드윈은 정의와 이성의 이름으로 인간이 자기의 욕망을 충족시키지 않으면 안 될 어떤 절대적인 자연법적인 도덕 기준을 품는 경향이 있다고 본다. 또한 크로포트킨은 일단 권력이 소멸할 경우 상호부조라는 눈에 보이지 않는 법에 의하여 지배되는 사회가 형성되고, 사람들은 저절로 협력해나가는 행동 성향을 지닌다고 본다. 이에 반하여 슈티르너는 모든 자연권적인 법이나 공통적 인간성을 부정한다는 점에서 니힐리즘과 실존주의로 접근한다.(Woodcock, 1962 : 87) 그는 그의 이상으로서 에고이스트Egoist를 설명한다. 그가 말하는 에고이스트란 집단 및 다른 개인과 투쟁하는 데서 자기를 실현하는 인간이며, '만인에 대한 만인의 투쟁'에 있어서 여하한 수단을 사용하는 데도 주저하지 않는 인간이고, 그의 '소유'를 선언한 후, 같은 의견을 가진 사람과 함께 규칙이나 규제 없이 공통의 이익을 조정하기 위한 '에고이스트 동맹Union of Egoists'에 가입하는 그러한 인간이다.

슈티르너의 에고이스트와 니체Nietzsche의 초인은 매우 유사하다.(Woodcock, 1962 : 88) 사실 니체 자신도 슈티르너를 불우하기는 했으나 생산적인 19세기의 인간으로 보고 있었다. 이러한 개인주의적 성향은 프루동에 의해서도 극단적으로 표현된다. "나의 양심은 나의 것이고, 나의 정의는 나의 것이고, 나의 자유는 최고의 자유이다."(Woodcock, 1962 : 98) 역설의 명수이자 이율배반적 사고의 열애자였던 프루동은 바로 이 극단의 개인주의를 민중과 은밀하게 연결시키고 있다. 그는 개인주의적 자존심 속에 고립하여 있으면서 한편으로 자기는 민중을 위하여, 역사를 위하여 말하고 있다고 주장한다. 그는 '결사'라는 말을 믿지 않았지만 조직화한 아나키즘운동의 개조가 되었고, 이것이 그의 신념에 집단적 표현과

3장 아나키즘 정의관의 뿌리는 무엇인가 39

힘을 부여하였다.

자주인적 개인에게 많은 강조점을 두는 개인주의적 아나키즘 성향은 미국의 아나키스트들에게 많은 영향을 미쳤다. 이것은 미국의 문화적 전통과 경제적 환경 및 개인 주권의 자유주의 이념을 표방한 제퍼슨적인 민주주의자들Jaffersonian Democrats과도 관련을 맺고 있다.(Miller, 1984: 30) 워렌, 터커, 로스바드Murray Rothbard 등이 대표적인 인물이고 생존 인물로는 볼프가 중요하게 거론된다. 볼프는 그의 대표적 저서『아나키즘의 변호In Defence of Anarchism』(국내에는『아나키즘, 국가권력을 넘어서』로 번역되어 있다)에서 "자율성이라는 덕목과 모순되지 않는 유일한 정치 강령은 아나키즘이라 생각된다"(Wolff, 1970: 18)고 결론짓는다. 여기에는 많은 논란이 잠재되어 있다. 볼프는 홉스와 같이 개인의 자율성과 권력이 상충할 수밖에 없다는 데 동의하고 있다. 그러나 홉스는 무정부 상태를 두려워했기 때문에 절대 권력을 택했고, 볼프는 절대 권력이 두려워 아나키즘을 택했다. 여기서 홉스식의 절대 권력과 볼프식의 아나키즘만이 유일한 선택지인가 하는 문제가 제기된다.

개인의 자주성과 자율성에 강조점을 둔 개인주의적 아나키즘은 일반적으로 생각돼온 아나키즘과 사회주의와의 관계를 흔들어 놓았다. 다니엘 게렝Daniel Guérin은 "아나키즘은 사실상 사회주의와 동의어이다. 아나키스트는 본래 인간에 의한 인간의 착취를 폐지할 것을 목적으로 하는 사회주의자이다. 이 조류의 주요 목표는 자유에 대한 관심과 통치 기구의 폐지를 촉진하는 데 있다"(Guérin, 1970: 12)라고 하였다. 그는 이어 미국의 저명한 아나키스트이며, '시카고 사건의 희생자Chicago Martyrs'의 한 사람인 아돌프 피셔Adolf Fischer의 말을 인용하고 있다.

아나키스트라면 누구나 사회주의자이다. 그러나 사회주의자라고 해서 반드시 아나키스트인 것은 아니다.(Guérin, 1970: 12)

그러나 개인의 자율성과 자주성의 강조는 사회주의에 의문을 품게 한다. 그렇다고 자본주의 체제가 더 낫다는 확신도 갖지 못하고 있다. 여기서 아나키스트의 입장에 주요한 분열이 있음을 찾아낼 수 있다. 파커S. E. Parker는 자본주의와 사회주의 모두를 거부하며 자본주의와 사회주의 모두가 개인주의적 아나키스트 입장에서 볼 때 타당한 체계라는 확신이 아직 없다고 주장한다. 그는 "나는 최근에 와서 비록 자유스러운 경향을 띤다 하더라도 공산주의의 접근법보다는 자유 시장free market의 접근법에서 나오는 일관된 개인주의에 훨씬 더 큰 희망이 있다는 것을 믿게 되는 것 같다"(Parker, 1969: 11)라고 말한다. 다른 한편으로 개인주의와 양립할 수 있는 유일한 경제생활의 형태는 자본주의라고 주장하는 자본주의적 아나키즘Anarcho-capitalism이 있다. 보통 이러한 접근법은 삶에 대해서 사회적 진화론자들과 비슷한 견해를 가지고 있다. 그들은 삶을 인간 사이의 생존을 위한 투쟁이라고

3장 아나키즘 정의관의 뿌리는 무엇인가 41

본다. 그리고 사회주의적 경제체제는 생존할 가치가 없는 사람도 살아가게 해준다고 주장한다.[1]

자본주의적 아나키스트들은 개인의 사회 공헌은 정부나 제도, 공동생활체에 의해서 이루어지는 것보다 개인이 자신의 이익을 위해서 행위할 때 더 잘 이루어질 수 있다는 입장을 취한다.

최근에 자본주의적 아나키즘은 미국 사회사상의 주요 관심 영역이 되었다. 이것은 크게는 지금까지 시도된 것 가운데 가장 철저한 방어적 입장을 보여준 노직Robert Nozick의 『아나키, 국가 그리고 유토피아Anarchy, State and Utopia』(국내에는 『아나키에서 유토피아로』로 번역되어 있다)라는 저술에서 나타난다. 노직의 관심사는 자본주의적 아나키스트의 전통에서 보면 이전의 저술가와 다르지 않다. 그러나 그는 좀 더 일관되고 고도로 세련되게 자신의 관심사를 나타내었고, 그리하여 이전의 저술가보다도 큰 반응을 얻었으며 반대 집단으로부터도 반응을 얻었다. 여기에 덧붙여서 자본주의적 아나키스트의 입장을 구현시키고 또 선거에서 후보자로 뛰기 위해 리버테리언 정당을 설립한 것이 전보다도 더 많은 청중을 가지게 했다. 그리고 분명히 그것은 미국인들 사이에서 동정적 주목을 끌었다. 여하튼 아나키스트는 그가

---

1) 자본주의적 아나키즘은 아나키즘에서라기보다는 오늘날 리버테리어니즘이라고 하는 것에서 발전된 것 같다. 리버테리어니즘은 최소의 정부가 필요하다고 주장한다.(Tuccille, 1971 참조)

아나르코 코뮌주의자든, 아나르코 생디칼리스트든 또는 개인주의자든 모두 개인의 자유에 관심을 가지고 있는 것이다.

여기서 유의할 점은 자주인적 개인을 강조하는 아나키즘의 정의관이 아이러니컬하게도 자본주의의 비판에서 출발한 아나키즘을 자본주의의 모태인 고전적 자유주의로 회귀하는 경향으로 보이게 한다는 것이다. 이러한 현상은 자유주의와 아나키즘이 자연권이라는 공통의 기반 위에 서 있기 때문이다. 다만 차이점이 있다면 고전적 자유주의자는 개인의 자연권을 보호하기 위한 대행 기관으로 국가의 필요성을 최소한 인정한 반면, 아나키스트는 이를 거부했다는 점이다.

이와 함께 제기되는 문제는 자유와 국가라는 테마이다. 아나키스트들은 자유를 선험적으로 그리고 윤리적 당위의 근거로서 받아들이는 것 같다. 그들은 자유를 바로 그리고 직접적으로 원한다. 이것이 아나키스트로 하여금 국가를 부정하게 하여 국가가 없는 자유를 주장하게 만든다. 이것은 자유를 지적인 이상향으로 도피시키는 것처럼 보인다. 사실 국가와 자유의 문제는 '국가냐 자유냐?' 하는 식의 테마로 변형될 성질의 것은 아니라고 본다. 왜냐하면 자유와 국가는 서로 상이한 윤리적 차원의 개념이어서 직접적으로 연결될 수 없기 때문이다. 이들의 연결은 어떤 매개에 의해 간접적으로 연결될 수 있을 뿐이다. '자유'라는 개념은 이성적 개념이며 이념이다. 이에 비해 '국가'라는 개념은 오성적 개념이며 질서 개념이다.(크링스, 1987: 158)

자유란 사물이나 제도 또는 상황과 같이 범주적으로 파악하고 인식할 수 있는 것을 칭하는 것이 아니라, 내가 사유하는 것을 칭한다. 자유는 무조건적인 개념이다. 필연적으로 생각해야 하고 자유롭게 나타내어진 무조건적 행위의 도덕적 특성을 이룬다. 자유는 인간이 도덕적 본질로서 주장되고 이러한 도덕적 자기주장을 이성적으로 파악하고자 할 때에만 주어진다. 자유 의식의 근원은 도덕적 이성 존재로서의 인간의 자기 파악에 있다. 도덕적 자기주장이 없다면 자유가 없어지고, 도덕성을 이성적으로 파악하지 못한다면 자유 의식이 사라진다.

이에 반해 국가라는 개념은 범주적으로 파악할 수 있는 부가적 혹은 병렬적 개념이다.(크릭스, 1987: 159) 좀 더 정확히는 법률을 통해 제정되고 공권력을 통해 확인된 사회성의 질서이다. 국가라는 개념은 제 조건의 복합을 하나의 통일로 함께 파악하며, 그것을 통하여 사회는 하나의 지배 조직으로 결합한다. 이념 또는 무조건적인 개념인 자유와 질서 복합의 개념인 국가를 단순히 하나로 그리고 함께 놓는 것은 문제가 된다고 볼 수 있다. '자유냐 국가냐' 하는 문제는 차원이 다른 두 개념을 연결시킬 수 있는 매개를 마련하지 않는 한 무리한 질문이라고 볼 수 있다.

현대 아나키스트는 국가의 존재 문제에 대해 많은 입장 변화를 보이고 있다. 그러나 국가의 폭력성과 국가가 지니고 있는 우상의 문제에 대해 비판을 늦추고 있는 것은 결코 아니다.

3. 공동체의 지향

아나키즘 정의관의 밑바탕에는 '공동체Communities'라는 주제
가 깊게 깔려 있다. 아나키즘의 다양한 이념적 분포도는 '자주
적 개인'과 '공동체' 간의 연결 방식에 따라 다양하게 나타난다
고 할 수 있다. 개인주의적 아나키스트에 비해 집산주의적 아나
키스트가 대체로 공동체에 더 많은 관심을 표현하고 있다. 아나
키스트의 공동체에 대한 관심은 당시의 사상사적 맥락과 깊은
관계가 있다. 서구의 역사에서 '공동체'는 17세기에서 19세기에
걸친 전근대적 사회에서 근대사회로의 이행이라는 역사적 경험
에서 주목받게 된 용어이다. 공동체라는 주제의 재발견은 19세
기의 사회사상에 있어 제일 큰 특징으로 평가된다. 그것은 비단
사회학에 그치지 않고 철학·역사학·신학 등의 영역에까지 커다
란 영향을 주었다. 공동체는 19세기 사회사상의 대표적인 주제
가운데 하나가 되었다. 19세기에 있어서 공동체의 사상이 지녔
던 중요성은 이성의 시대의 계약 사상에 비견될 만큼 크나큰 것
이었다. 이성의 시대에 활약했던 철학자들은 계약의 사상을 사회
관계에 정당성을 부여하기 위한 이론적인 근거로서 활용한 바 있
다. 이때 계약은 이상 사회의 모델이었다. 그러나 19세기에 이르
면 계약의 사상은 쇠퇴하고 그 자리에 재발견된 공동체의 사상이
들어서게 된다. 공동체적 유대는, 그것이 실재적이든 상상적이
든, 또는 전통적이든 창안적이든 좋은 사회의 이미지가 되었다.

3장 아나키즘 정의관의 뿌리는 무엇인가 45

공동체는 단순한 지역공동체 사회Local Community 이상의 것이다. 공동체는 인격적 친밀, 정서적 깊이, 도덕적 헌신 및 사회적 응집, 시간적 연속성 등을 특징으로 하는 모든 형태의 사회관계를 포괄하는 용어이다. 공동체가 기초로 하고 있는 인간 개념은 인간이 사회질서 속에서 획득하게 되는 몇 가지 분리되어 있는 역할들에 의존하는 것이 아니라 인간의 전체성에 입각하고 있다.

이러한 공동체를 지향하는 태도는 개인이나 집단의 가치 지향 및 이데올로기에 따라 다양하게 나타난다. 이를 크게 둘로 나누어보면 보수주의적 입장과 진보주의적 입장으로 대별할 수 있다. 보수주의적 입장은 에드몬드 버크Edmond Burke에 의해 잘 대변된다.(신용하 편, 1985: 108~109) 그는 "공동체의 유대를 갈갈이 찢어서 그것을 비사회적·비시민적·비관련적인 혼란 속으로 분해하려고 한" 개혁자들을 적대시하였다. 버크는 프랑스의 혁명가들이 제정하였던 개인주의적인 법률에 씁쓸한 반응을 나타내면서 "집단은 형벌에 의해서가 아니라 구성원의 미덕 때문에 영속한다"고 하였다. 보수주의자들의 모든 저작에서 중심이 되었던 것은 전통적 공동체와 그 미덕의 재발견이었다. 또한 공동체와 비인격적 개인주의 간의 대비도 보수주의자들의 중심적인 주제가 되었다. 프랑스의 보날Bonald은 교회, 가족, 그리고 프랑스혁명 이전의 길드, 코뮌과 같은 집단들에서 나타났던 공동체적 안정을 재확립하는 것이 당시의 주된 요건들이라고 언명하였다.(신용하 편, 1985: 109)

이러한 보수주의적 성격은 퇴니스F. Toennis에 의해서도 잘 드러난다. 퇴니스는 전근대에서 근대로의 이행이라는 역사적 흐름을 유형적으로 파악하기 위한 시도로서 사회를 공동사회Gemeinschaft와 이익사회Gesellschaft로 구분한다. 공동사회에서의 인간관계는 친밀하며 대면적이다. 또한 공동의 가치에 의해 근본적인 도덕적 갈등이 일어나지 않으며 역할과 관계는 응집력이 강한 성격을 지니고 있다. 반면에 이익사회적 관계는 근대적 사회나 제도에 특징적으로 나타나는 것이다. 지배적 관계는 습관이 아닌 합의나 계약과 같은 법적이며 합리적인 개념에 기초하고 있다. (Toennis, 1955 참조) 이러한 유형적 접근에 따르는 개념적 문제는 제쳐두고라도 이데올로기적으로 볼 때 그것은 매우 보수적 성격을 띠게 된다. 즉 퇴니스는 근대 산업사회에 특징적으로 나타나는 성격을 부정적 측면에서 파악하였으며 따라서 공동사회의 이미지는 목가적인 농촌 공동체의 생활과 가치에 대한 동경과 향수를 표현하고 있다.

이에 반해 진보주의자들은 공동체를 새로운 사회를 형성하는 상징으로 삼았다. 이들은 전근대적인 목가적 정신으로의 복귀나 공동체의 가치와 산업화의 결과를 조화시키려 한 위의 입장과는 대조적으로 공동체의 기본적인 가치를 되살리기 위해서 근본적인 사회경제적 조건의 변혁을 주장하였다. 공동체의 이러한 가치는 기능적으로 전문화된 가운데서의 상호 인정에 기반을 둔 것이 아니라 공동의 인류애의 자각에 그 기반을 두고 있다. 이러한 인류애는 농촌 공동체의 위계적 성격과 기능의 전문화에 기초한 사회적 경쟁에 의해서 왜곡되어 나타난다. 따라서 이들은 혁명적인 변혁 과정을 통해서 이룩된 목가적인 자연 상태로의 이상향적 공동체 혹은 사유재산이나 노동의 착취가 없는 이상적인 공산제 사회에서만 진정한 인류애가 가능하다고 보았다. 이와 같이 근본적이고 급격한 변혁과 혁명의 이데올로기에 의하여 공동체의 가치적 측면은 또한 달라지게 되는 것이다.

지금까지 살펴보았듯이 동일한 지적 전통 내에서도 가치 지향이나 이데올로기에 따라서 공동체의 개념은 암묵적으로 정의되는 경향이 있다. 또한 공동체의 의미가 갖는 사실적 측면은 이와 같이 다양한 측면과 깊은 관련을 맺으면서 그 내용을 채워왔다. 공동체의 의미가 단순히 감각을 통해서 받아들인 사실에 관한 것이라기보다는, 근본적으로는 인간이 살아갈 사회의 구성에 관한 논쟁이라고 볼 때 이러한 점은 충분히 수긍이 가는 것이다.(신용하 편, 1985: 189)

공동체에 나타난 공통적인 이념은 무엇인가. 공동체의 이념에 관한 서구의 사회사상과 사회적 경험의 역사를 통해 공동체적 삶의 공통적 이상이라고 생각되는 요소를 도출해보면 크게 셋으로 요약할 수 있다.(Kanter, 1972: 32~54) 첫째 완전성과 전인 사상이요, 둘째 평등주의 사상이요, 셋째 박애 정신 또는 형제애이다.

먼저 완전성과 전인 사상을 살펴보자. 공동체 이념에 나타난 인간은 부분적이거나 단절적인 방식이 아닌 사회적 역할의 총체성 속에서 다른 사람과 만나게 되며, 공동체 내에서의 모든 상호 작용은 포괄적인 유대를 통해서 이루어진다.(신용하 편, 1985 : 197) 그러나 점진적인 노동의 분업과 대중적인 도시 사회의 발전에 의해 이러한 전인격적 개념은 파괴되었다. 그 결과 개개인은 개별적이고 이기적인 이해관계의 특수성에 사로잡히게 되었고 사회적 삶은 계약적이고 일면적인 성격을 띠게 되었다. 이러한 배경하에서 박애와 공동의 정신을 구체적으로 실현하기 위한 사회 조직의 공동적 형식과 인간의 총체성이 공동체의 이념을 형성하는 데 주요한 역할을 하게 되었다.

공동체주의자들은 긴장과 갈등과 부조화는 인간 내부의 문제에서 야기되는 것이 아니라 환경으로부터, 즉 개인의 외부에 있는 사회적 조건에서 비롯되는 것이라고 믿는다. 인간이 아니라 사회가 바로 문제의 원인이라는 것이다. 그들에 의하면, 인간은 근본적으로 선한데 사회에 의해 타락했다는 것이다. 내적 갈등이란 오직 환경에서 오는 긴장의 반영에 불과한 것이다. 만일에 움직이는 자연법칙이 발견되고 이러한 자연법칙과 조화되며 자연적 원리를 따르는 사회를 건설한다면 유토피아론적 입장에서 볼 때 완전성이 가능하게 된다. 현 사회는 긴장과 자연 질서와의 갈등 안에 존재하는 것으로 암암리에 여겨지며 이 때문에 불화가 조장되는 것으로 여겨진다. 많은 공동체가 땅으로 돌아가고자 하는 욕구를 지니는 것은 자연생활로 돌아가려는 소망의 표현인 것이다.(Kanter, 1972 : 33~34)

3장 아나키즘 정의관의 뿌리는 무엇인가 49

다음으로 공동체 사상에 나타난 공통적인 특징 중의 하나가 평등주의적 요소이다. 역사적으로 볼 때 공동의 가치와 이해관계를 지닌 동질적인 공동체 내부에서 사회적인 노동의 분업이 발생하게 되면 개개인의 인격이 분절화될 뿐만 아니라, 점진적인 기능의 분화에 의해서 기능적인 이해에 기초한 사회적 분업이 나타나게 된다. 이 결과 사회적 계급이 출현하게 되는 것이다. 이와 같이 공동체 내에서 사회 계급과 이익집단들이 발전하게 되면 공동체적인 평등 관계의 유지는 어려워진다. 노동 분업의 결과에 따른 분파적 이해관계의 발전에 의해서 동질적인 공동체의 발전이 치명적인 영향을 받게 된다는 것이다. 많은 공동체주의자는 자본주의가 발전함에 따라서 개인과 사회는 분절화되었으며 이전의 공동체의 가치인 박애와 평등 및 공동 정신은 갈등과 경쟁에 의해 대체되어버렸다고 보았다. 즉 자본주의는 고립화와 분리화의 과정을 통해 화폐와 경쟁이 지배하는 사회가 된 것이다. 따라서 공동체 사회가 이루어지면 경제적 지배와 함께 사회 계급은 사라질 것이며 또한 전문화된 기능에 얽매이는 것도 없게 될 것이라고 보았다.

이와 같은 평등의 추구에 의해 공동체는 집단으로서의 독자성과 응집성을 얻게 된다. 즉 공동체의 성원은 자신을 하나의 공동체로서 인식하게 되며 역사에서의 자신의 역할을 크게 의식하게 되는 것이다. 무수히 많은 공동체에 있어서 다양한 여러 공동체적 테마는 땅으로의 복귀라고 하는 한 가지 이상으로 집약된다.

제일 자연적인 대상인 땅에 농사를 지음으로써 그들은 공동체로 향한 허다한 충동을 충족시킨다. 그들은 농사를 통해 자연 및 자연 질서와 더 가까이 접하게 되며, 존재의 근원과 더욱 깊은 관계를 맺는 보다 단순한 생활로 돌아가는 것이다. 땅을 상대로 하는 일들은 흔히 어떠한 특별한 기술을 필요로 하지도 않으며 누구나가 평등하게 일할 수 있는 기회를 갖게 된다. 이와 같은 평등 관계에 의해 공동체의 응집력은 더욱 강화되는 것이다.(Kanter, 1972: 52~53)

평등사상과 밀접하게 관련되어 있는 것이 박애 정신 또는 형제애이다. 사회가 우주의 자연법칙과 조화를 이루어나갈 수 있듯이 인간들도 서로 조화를 이룰 수 있다는 것이 공동체 사상에 나타나 있다. 공동체주의자는 재산의 공유, 일의 공유, 사랑의 공유, 가족의 공유로 개인적 소유를 대신함으로써 인간과 인간 사이의 인위적 장벽을 허물어뜨리고자 힘쓴다. 이와 동시에 공동체는 전문가를 거부하는 경향이 있다. 공동체의 의사조차도 급사 일에, 신문 편집장도 설거지에 얼마간의 시간을 할애해야만 할 것이다. 게다가 특별한 기술을 가진 사람은 마땅히 그것을 함께 나누고 남에게 가르쳐주어야지 그것을 지위의 기반으로 삼으려 해서는 안 된다고들 여긴다. 일의 공유가 목적하는 바는 인간들 사이의 차별을 없애는 것이다. 즉 인간을 따로 분리시키는 것들을 없애버리고 그 대신 인간으로 하여금 공동의 노력을 기울이게 하려는 것이다. 따라서 추수를 한다거나 새 집을 짓는 일,

3장 아나키즘 정의관의 뿌리는 무엇인가 51

청소하는 일처럼 많은 작업이 공동체 전체에 의해 행해짐으로써 박애와 공동의 정신을 더욱 다질 수 있게 되는 것이다.(Kanter, 1972 : 43~44)

공동체 사상에 나타난 형제애와 조화에 대한 강조는 공동체의 내적 관계에 깊은 관심을 표현한 것이다. 외부 사회에서 나타나는 고독·소외·분열과는 대조적으로 공동체는 친숙한 관계와 집단에의 전적인 관여를 증진시키고자 힘쓴다. 또한 이러한 관여는 종종 공동 노력에 쏟는 열성을 상징적으로 확인하는 의식을 통해 전달된다. 이 의식은 공동으로 품고 있는 가치관을 표현하고 강화해주며 하나의 공동체로 뭉치는 방법과 서로를 더욱 가깝게 느끼는 방법을 제시한다.(Kanter, 1972 : 46~47)

공동체적 삶의 지향의 문제는 연합주의의 자치 사회와 자주관리Self-management라는 것을 아나키스트의 주요 관심사로 등장하게 만든다. 자치 사회와 자주관리를 통해 진정한 공동체가 실현될 수 있다는 것이다. 콜린 워드가 아나키즘을 '자발적 질서 이론'으로 표현한 것도 같은 맥락이라고 볼 수 있을 것이다. 아나키스트의 국가에 대한 집요한 공격과 권위주의적 사회주의에 대한 혐오감도 이와 관계가 깊다. 프루동은 "중앙집권적인 국가의 거대한 권력에 직면하고 있는 한, 개인도 집단도 솔선하여 자발적, 독립적 행동으로 할 수 있는 일은 아무것도 없다"(Guérin, 1970 : 43)고 주장한다.

'자주적 소집단'의 중요성을 강조하는 아나키스트들의 주장

52

은 매우 예언적 성격을 띤 것으로 평가된다. 미국의 미래학자 존 네이스비트John Naisbitt는 그의 저서 『대조류Megatrends』에서 현대사회의 10대 조류 중 지방분권 사회, 자조 사회, 수평적인 네트워크 등을 거론하고 있다.(네이스비트, 1988) 드러커Peter F. Drucker도 『새로운 현실The New Realities』에서 새로운 다원 사회의 출현을 예언하면서 조직과 인간의 문제를 논하고 있다.(Drucker, 1989 참조) 이런 문제들은 조직 속에서 인간의 탄력성을 어떻게 유지하느냐 하는 과제와 직결되는 것으로 오늘날 여러 종류의 조직 논리에서 활발히 논의되고 있다.(Burrell& Morgan, 1979: 279 ~325 참조) 그러나 자주공동사회가 구체적으로 어떤 사회냐 하는 문제와 그 사회를 어떤 방법으로 이룩할 수 있느냐의 문제는 매우 다양하게 제기되고 있다. 이러한 논의가 집중된 것이 바로 코뮌의 문제다.

또한 공동체의 사실적 의미를 해석하고 추구하는 과정에서 나타나는 아나키즘의 이데올로기적 분광도도 많은 논란을 제기하고 있다. 아나키즘 분광도는 보수주의적 입장과 급진주의적 입장이 서로 얽혀서 다양한 형태로 나타난다. 이것은 아나키즘이 진보를 어떻게 보느냐는 시각과도 관련된다. 19세기에 대부분의 좌익에 속하는 사람들과 마찬가지로 아나키스트들도 종종 진보에 대해 관심을 가져왔다. 고드윈은 무한히 진보하는 인간을 꿈꾸었고, 크로포트킨은 조심스레 아나키즘과 진화를 결부시켰으며, 프루동은 실제로 『진보의 철학Philosophie du Progrès』을 썼

3장 아나키즘 정의관의 뿌리는 무엇인가 53

다. 그러나 아나키스트들은 진보가 어떻게 정의되든 조건을 달고 그 진보를 인정하고 있다.

사실 맑스주의자들은 아나키즘이 가지고 있는 진보적 요소의 존재를 부정해왔으며, 반동적 경향을 가졌다고 아나키스트들을 비난해왔다. 그들의 유물사관적 입장에서 말한다면 그들이 전혀 잘못 본 것은 아니라고 할 수 있다. 왜냐하면 사회의 발달에 대한 그 태도에 있어서 아나키즘은 종종 이상화한 미래와 이상화한 과거를 연결시키는 바위 위에 있다는 '마호메트의 관Mohammed's Coffin'처럼 보이기 때문이다. 아나키스트가 보는 과거는 헤시오도스Hesiodos나 플라톤의 황금시대보다 훨씬 먼 저 고대의 모습에 그 이상을 두고 있다. 그것은 조직된 정부 아래서라기보다는 오히려 협동에 의하여 존재한, 혹은 존재했다고 상상되는 온갖 사회의 일종의 혼합물이다. 그 구성 요소는 여러 사회와 여러 역사에서 모아진다. 러시아의 미르Mir라는 농민 공동체, 아틀라스 산맥의 카바일족Kabyles의 촌 조직,[2] 유럽의 중세 자유도시, 에세네 Essene파 신도[3]나 초기 크리스트 교도 혹은 두코보르Doukhobors[4]

---

2) 크로포트킨의 『상호부조론』에 소개되고 있는 코뮌주의적 촌락. 모든 성년成年 남자가 모이는 민회 이외에는 여하한 권위도 없고, 여기서는 만장일치가 될 때까지 의론이 진행된다.

3) 에세네파는 예수 시대의 유태교 3대 당파의 하나인데 그들은 3년간의 수행 기간을 거친 후 회원이 되어 엄격한 종교적 공동생활을 했다. 즉 금욕, 독신, 유태 법전의 준수, 재산 공유, 평화주의 등을 특징으로 한다.

의 사회, 어떤 원시 종족의 관습인 재산의 공유, 이러한 모든 것이 국가라는 기구가 필요하지 않은 일례로서 아나키스트 이론가를 유인한다.

이렇게 많은 아나키스트는 과거의 편린 속에서 나타나고 있는 공동체적 자유인의 모습에서 향수를 느낀다. 아나키스트는 과거에서 예를 찾으면서 비권위주의적 공동체 사회를 연결하는 연속성을 확립하려고 할 뿐만 아니라, 소박한 생활과 자연에의 친화를 적극적인 덕으로 보는 태도를 보여주고 있는 것이다.(Woodcock, 1962 : 22~23)

소박한 생활과 자연에의 친화를 적극적인 덕목으로 보는 태도는 아나키즘을 원시주의Primitivism와 유사하게 보이게 만든다. 원시주의는 원시 집단에 대해 가치를 부여하고 그 의미를 찾으려는 태도를 일컫는다. 원시 집단은 초자연관, 초합리관과 관계되는 신앙과 의례를 가지며, 그들의 협소한 공동사회의 신앙과 의례는 특정한 교조가 없고 환경 및 기술에 밀착하여 완전히 체화하는 동질 집단을 특색으로 한다.(Boas, 1978 : 577~598 참조) 원시주의는 원시의 상태 혹은 문명 이전의 상태로 되돌아가고 싶

---

4) 두코보르란 '영의 전사'라는 뜻으로, 1740년 러시아의 하리코프 지방의 농민들 사이에 일어난 크리스트교의 일파이다. 재산을 공유하고 육식, 병역, 세금의 거부를 신앙의 증거로서 주장하며 아나키스트적 집단생활을 영위한다. 러시아 정부의 박해로 인하여 1898년경에 캐나다로 이주했다.

어하는 사람들의 향수와 깊은 관련이 있다. 이러한 원시주의가 정치사회운동으로 전개될 때 원시적 저항운동Primitive Rebels의 형태로 나타난다. 홉스봄E. J. Hobsbawm은 근현대에 원시적 저항운동이 다양하게 전개되어왔다고 본다. 그는 많은 원시적 저항운동의 다양한 예를 열거하면서 스페인의 안달루시아 지방에서 일어난 아나키스트의 저항운동을 대표적으로 들고 있다. 원시적 저항운동이 관심을 끄는 것은 그것이 고·중세의 사회운동의 전형처럼 보이면서도 19세기, 20세기에 폭발적으로 증가하였다는 점이다.(Hobsbawm, 1965 참조)

바라다트Leon P. Baradat가 아나키즘의 이데올로기적 스펙트럼을 우파의 극점과 좌파의 극점에 위치시킨 것은 수긍할 만하다. (바라다트, 1984: 105~109) 이것은 아나키즘의 공동체적 전통과 개인주의적 전통이 그 교차점에서 다양한 파장을 일으키고 있는 데서 기인한 것으로 보인다.

오늘날 많은 형태의 아나키즘적 공동체운동이 세계 각지에서 일어나고 있고, 그 성공적인 실험 사례도 많아지고 있다. '아나키즘의 부활'의 주요 흐름의 하나는 자주적 질서에 바탕을 둔 공동체운동의 성과와 관심에서 나온 것이다. 우리나라에서도 대안 사회운동으로서 여러 지역에서 각종 공동체운동이 일어나고 있다.

4. 권위에의 저항

한 사상의 특징은 교의·운동뿐만 아니라 그 사상이 지니는 기질Temperament과도 밀접한 관계가 있다. 특히 아나키즘은 사상 체계뿐만 아니라 저항적인 기질 때문에 줄곧 관심의 대상이 되어왔다. 또한 그 생명력도 이 저항에 있다는 평판을 받고 있다.(Apter, 1971: 212~213) 이렇게 아나키즘 정의관의 밑바닥에는 본능적인 저항감이 짙게 깔려 있다. 포르는 "권위를 부정하고 그것과 싸우는 자는 누구나 아나키스트이다"(Woodcock, 1962: 11)라고 말한다. 포르의 이 말은 아나키즘에 대해 많은 혼동을 야기시키고 있으나 아나키즘의 존재 영역만은 밝히고 있다고 할 수 있다. 아나키즘이 야성과 저항의 피뢰침으로 표상되는 것도 이런 연유이다.

아나키스트는 어느 누구보다도 우선 반항자로 규정되고 있다. 막스 슈티르너는 선언하기를 아나키스트는 일체의 신성한 것에 속박되지 않고 무수한 우상을 파괴한다고 하였다. 지성의 방랑자이며 철저한 반항자의 몸짓을 한 그는 사람들에게 위안을 주는 것처럼 보이는 대상을 신성불가침한 것으로 보지 않고, 오히려 전통의 테두리를 넘어서서 경건성을 벗어던지고 자유분방한 비판에 탐닉한다.

여기서 슈티르너는 혁명Revolution과 반란Rebellion을 근본적으로 구분하고 있다.(Stirner, 1980: 167 참조) 그는 알베르 카뮈Albert Camus 와 같이 혁명을 부정하고 반란을 찬미한다. 그 근거는 개인의 유일성이라는 개념과 밀접하게 관련되어 있다. 슈티르너의 이러한 생각은 아나키즘운동에 어두운 그림자를 남긴 폭력적인 아나키스트들에게 직접적인 영향을 주지 않았을지는 모르나, 그들의 출현의 선구로 지적되곤 한다. 그는 또한 집단 폭력이 아니라 반항적 개인의 집합으로서의 민중의 자발적 봉기를 주장하는 후배 아나키스트들에게 선구자로 인식되기도 한다.

프루동 역시 철저한 반항 감정을 그의 전 저서를 통해 표현하고 있다. 그는 '공직을 가진 사람들, 즉 성직자·행정관·학술원 회원·저널리스트·국회의원 등'을 모두 무시했다. 그들에게 있어 "백성은 언제나 정복하고, 침묵시키고, 사슬에 붙들어 매고, 코뿔소나 코끼리처럼 교묘하게 사로잡고, 굶주림을 통해 길들이고, 피땀을 짜내야 할 대상으로밖에는 보이지 않는다"(Guérin, 1970: 14)는 것이다. 이들 잘난 신사들well-heeled gentleman에게 무슨 까닭으로 사회가 그렇게 유지할 만한 값어치가 있는 것으로 보이는지를 엘리제 르클뤼는 다음과 같이 설명하고 있다. "부자와 가난뱅이, 권력자와 종속자, 주인과 하인, 투기를 명령하는 황제와 목숨을 잃는 검투사가 있기 때문이요, 영리한 사람들도 부자나 상전 편에 붙거나 황제들의 신하가 되는 수밖에 별도리가 없기 때문이다"(Guérin, 1970: 14)라고. 끝없이 반항하는 르클뤼의 기질은 아나키스트에게 순종하지 않는 자와 무법자에 대한 애정을 품게 한다.

이러한 저항감은 바쿠닌에 와서는 파괴의 행동Destructive Urge

으로 나타난다. 그는 쥘 엘리자르Jules Elysard라는 필명으로 그의
최초이자 가장 중요한 논문의 하나인 「독일에서의 반동Reaction
in Germany」에서 다음과 같은 인용구로 글을 매듭짓는다.

파괴는 전 생명의 신비하고 영원한 창조의 원천이다. 따라
서 파괴하고 절멸시키는 그 영원한 정신을 믿게 하라. 파괴
의 행동은 창조의 행동이다.(Woodcock, 1962: 139)

소로우는 그의 『시민불복종Civil Disobediance』에서 아나키스트
의 저항감을 좀 더 구체화시킨다.

내가 당연하다고 여길 수 있는 유일한 의무는 어느 때라도 내
가 옳다고 느끼는 것을 해야 하는 의무이다. 〔……〕 국가가 개
인을 국가보다 높고 더욱 독립적인 힘으로 인정하고 개인으로
부터 국가 자신의 권력과 권위가 유도된다고 인정하고 이에
따라 개인을 대우하기 전까지는 진정으로 자유롭고 개명된
국가는 존재할 수 없다. 〔……〕 사실상 나는 나의 방식에 따
라 조용하게 국가와의 전쟁을 선언한다.(Thoreau, 1866: 125)

박식한 아나키스트이자 『섹스의 즐거움The Joy of Sex』의 저자
인 알렉스 콤포트Alex Comfort에게 불복종은 무책임한 국가권력
에 맞서는 도덕적 명령이다. 그는 '저항과 불복종은 야만주의에

대처할 수 있는 유일한 힘'이며, 저항과 불복종을 실천하지 않는 다면 야만주의 앞에서 무장해제 상태에 있는 것과 같다고 말한다. 영국의 저명한 시인이자 아나키스트인 오스카 와일드Oscar Wilde 도 콤포트와 비슷하게 반란의 중요성을 강조한다. 그에 의하면 불복종은 인간의 원초적 덕목이며, 진보는 바로 불복종을 통해 이루어진다.

'권위에의 저항'을 인식론적인 입장에서 세련되게 대변한 아 나키스트 학자가 있다. 파이어아벤트Paul Feyerabend는 그의 주저 『방법론의 도전Against Method』에서 기존의 과학 방법론이 지니 고 있는 권위에 대해 도전하고 있다.(Feyerabend, 1975 참조) 『방법 론의 도전』에 나타난 그의 대부분의 주장은 부정의 자세에서 나 온다. 특히 물리학의 역사를 설명할 수 있는 하나의 과학적 방법 이 있다는 주장에 대한 부정과, 다른 형태의 지식보다 물리학이 우월하다는 것이 어떤 과학적 방법에 기대어 확립될 수 있다는 생각에 대해 강한 도전을 하고 있다.

과학이 고정적이고 보편적인 규칙에 따라 진행될 수 있고 또 진행되어야 한다는 생각은 현실적이지 못할 뿐만 아니라 바람직하지도 않다. 그것이 현실적이지 못한 이유는 인간의 재능과 그 재능의 발전을 진작시키고 야기시키는 환경에 대 해서 지나치게 단순한 견해를 가지기 때문이다. 그리고 바 람직하지 않은 이유는 그 규칙을 강화하려는 시도가 인간성

의 상실이라는 대가를 치르면서 우리의 전문적인 자질을 증
대시키려 하기 때문이다. [……] 앞에서 제시된 바와 같은
사례 연구는 [……] 어떤 규칙의 타당성에도 반대한다. 모든
방법론은 그 나름대로의 한계를 가지고 있으며, 지속적으로
지지될 수 있는 유일한 규칙은 "어떻게 해도 좋다"라는 것이
다.(Feyerabend, 1975: 295~296)

이러한 파이어아벤트의 부정적인 자세는 부정을 위한 부정이
아니다. 그의 부정적인 태도는 개인의 자유와 관련된 것이다. 파
이어아벤트는 '자유를 증대하고 충족된 삶과 보람 있는 삶을 추
구하려는 시도'를 옹호하고 '전인적으로 발전된 인간을 길러내고
또 길러낼 수 있는 개성의 함양'(Feyerabend, 1975: 20)을 옹호한다.
그의 관점에서 본다면 사회가 과학을 제도화하는 것은 인간주의적
태도와 일치될 수 없다. 그는 "우리의 조상들이 유일하게 참되다고
생각한 종교의 속박에서 우리를 해방시켰듯이, 이데올로기적으
로 경직된 과학의 속박에서 사회를 해방"(Feyerabend, 1975: 299)시
켜야 한다고 적고 있다. 또한 자유 사회의 성숙한 시민은 '스스로
결심하도록 교육을 받았고, 그에게 가장 맞는 것으로 생각되는
것을 좋아하도록 결정된 그러한 사람'(Feyerabend, 1975: 307)이라
고 보고 있다. 이렇게 파이어아벤트의 권위에 대한 저항은 개인
의 자유와 자율성의 확보를 위한 첫 작업인 것이다. 그의 이러한
논의가 성공적인가는 여전히 논쟁거리로 남아 있으나 이것은 가

3장 아나키즘 정의관의 뿌리는 무엇인가 61

장 도전적이고 선동적인 이론으로 평가되고 있다.

아나키스트의 저항 정신은 인간이 지니고 있는 본능적이고 잠재적인 원초적 본성의 표출인지도 모른다. 그래서 아나키즘은 학습되는 것이 아니라 느껴지는 것으로 표현된다. 오랫동안 잠자고 있던 절대적 자유의 본능은 시대의 심층으로부터 불현듯 다시 나타난다. 많은 아나키스트는 인간의 기억 속에 희미하게 남아 있는 원초적인 신화적 자유를 상기시키고 있다. 그래서 아나키즘의 뿌리를 선사시대까지 소급시키고 있는 것이다.

권위에 도전하는 아나키스트들의 저항 의식은 아나키 상태가 초래할 혼란에 대한 두려움으로 인해 많은 비판을 받는다. 이러한 저항 의식은 사회적·정치적 행동으로 구체화될 때 다양한 모습으로 표출된다. 또한 아나키스트가 어떤 수단으로 저항을 표현하느냐에 따라 평가도 다양해진다. 사실 아나키즘이 니힐리즘 또는 테러리즘의 한 양상으로 오해받는 것은, 불가능한 것처럼 보이는 것에 대한 저항과 도전에 기인한다고 하겠다. 이러한 저항 정신은 아나키스트들의 직관적 신비주의Gnosticism 성향과 관계가 있을지도 모른다. 직관적 신비주의는 궁극적인 실재와 전체적인 의미와 절대적인 자유를 추구하고 있다. 따라서 모든 타협은 거부된다. 이러한 현상은 아나키스트의 자연 회귀적 성향과 절대적 자유의 지향이 저항이라는 틀에 담김으로써 나타나는 것으로 보인다.

이것은 다시 낭만적 절대주의와 상통하기도 할 것이다. 낭만적 절대주의가 예술운동으로 표현된 것이 다다이즘인데 앞에서 살펴보았듯이 우리는 다다이즘에 아나키즘적 요소가 짙게 깔려 있음을 확인할 수 있다. 다다이즘은 1916년 스위스에서 예술을 합리성과 형식의 제약으로부터 해방시키려는 젊은 예술가들의 운동으로 시작되었다. 다다이즘의 본질적 특징은 다다 자신을 포함한 모든 것에 대한 완전한 반대였다. 프랑스에서 나온 다다주의자들의 팸플릿은 "진실한 다다는 다다에 반대한다Les vrais Dadas sont contre Dada"라고 말하고 있다.(지더벨트, 1987: 117)

여기서 관심을 끄는 것은 많은 아나키스트가 문학 예술 분야에서 그 저항의 몸짓을 한껏 즐기고 있다는 사실이다. 왜 그럴까? 글을 쓰는 행위는 사회라는 거대한 개미 소굴에서 마지막으로 남은 순수한 자유 가운데 하나이기 때문이다. 시와 문학의 창작은 자유의 진정한 요소인 '상상계'에 존재할 수 있는 힘을 포함하고 있다. 우리는 많은 예술인에게서 날카로운 절대 자유주의 정신과 자유를 표현하고자 하는 아나키즘적 욕구를 쉽게 찾을 수 있다. 초현실주의적인 예술가들이 아나키즘운동에 참여하거나 관심을 갖는 것은 지극히 자연스러운 현상일 수도 있다.

아나키즘의 권위에의 저항과 불복종 사상은 포스트모더니즘의 대표자인 미셸 푸코Michel Foucault의 사상과 맥락을 같이한다. 푸코는 스스로를 그 어떤 사상 체계와도 일치시키지 않으려 했지만, 푸코의 작업은 아나키즘과 분명 동맹 관계에 있다고 볼 수 있다. 그의 작업은 바로 아나키즘적이다. 그가 역사 연구에서 국가의 총체성이 어떻게 발달했는지, 그리고 국가 권력이 어떻게 성장해 그동안 자신의 관심 영역 밖에 있던 삶의 영역들을 침범했는지를 탐색한 방식 때문이다. 정상正常이라는 개념에 대해 아나키스트는 극히 회의적이다. 아나키스트는 "아마도 오늘날 목표는 우리가 무엇을 발견하는 게 아니라 현재 모습을 거부하는 것일 것"이라는 푸코의 충고를 환영할 것이다. 현재의 우리 모습이란 우연히 역사적으로 물려받은 사회적, 정치적 정체성들을 마치 자연적이고 불변적인 것처럼 스스로 받아들임으로써 순응적이고 복종적으로 되어가는 것일 수 있다고 푸코는 말한다. 이러한 푸코의 작업은 분명히 아나키즘적이다.

4장 아나키즘의 현실 인식의 내용과 특성은 무엇인가

1. 통치 기구에 대한 혐오

통치 기구와 국가에 대한 아나키스트들의 공포와 위구심은 그들의 문헌 속에서 빠짐없이 골고루 발견된다. 아나키스트들은 유사 이래 인간의 편견 중에서 통치 기구에 대한 편견보다 더 심한 것은 없다고 생각한다.

프루동은 특히 "우리 정신의 이 환상, 즉 박물관이나 도서관으로 보내져야 마땅한 이 환상의 제거가 자유로운 이성을 가진 자의 첫째 의무"라고 통렬한 비난을 퍼붓고 있다. 또한 "이 정신적 편향이 유지되어오고 그 매력이 불가항력적인 것처럼 보여지게 한 것은 통치기관이 정의의 자연스러운 기관으로서, 강자의 보호자로서 사람들의 마음에 비추어지고 있었기 때문"이라고 분석하면서 권력의 폐기가 권력의 신앙을 대신할 날을 내다보았다.
(Guérin, 1970: 15)

크로포트킨은 "통치기관의 기능이 정지하자마자 백성은 야만인의 무리와 같이 될 것이라고 생각한" 사람들을 비웃었다. 말라테스타는 정신분석학에 선행하여 권위주의자들의 잠재의식 속에 숨어 있는 자유에 대한 공포를 폭로하고 있다. 그렇다면 아나키스트는 통치 기구의 잘못된 점이 어디에 있다고 보는가.

철저한 개인주의를 강조하는 슈티르너는 "통치 기구와 나, 이 양자는 서로 적이다", "모든 통치 기구는 그것이 한 사람의 전제이건 한 집단의 전제이건 간에, 언제나 전제적이다. 모든 통치 기구는 필연적으로 오늘날 우리가 부르는 이름으로 말하면, 전체주의적이다"라고 표현하고 있다. 그는 계속해서 "통치 기구는 언제나 하나의 목적, 즉 국경을 설치하고, 통제하고, 개인을 종속시켜 전체적 목표에 복종시키는 하나의 목적밖에 가지지 않는다. 〔……〕 통치 기구는 검열, 감시, 경찰 등을 통하여 자유로운 모든 활동을 방해하고 이 억압을 자기의 의무라고 생각한다. 자기 존재의 본능이 그렇게 하기를 요구하기 때문이다", "통치 기구는 내가 나의 사상의 진가를 발휘하여 그것을 다른 사람들에게 전달하기를 허락하지 않는다. 〔……〕 그 사상이 통치 기구 자신의 사상과 일치하는 경우를 제외하고는, 즉 그런 경우가 아니면 나에게 침묵을 강요한다"라고 말한다.[1]

프루동도 "인간에 의한 인간의 통치는 노예적 굴종이다. 누구든지 나를 다스리려고 손을 쓰는 자는 찬탈자요, 압제자이다. 나는 그에게 나의 적이라고 통고하리라"고 한결같은 말을 한다. 그의 웅변은 계속된다.

통치받는 것은 그럴 만한 자격도 지식도 덕도 없는 자들에 의해 감시당하고, 검문당하고, 밀고당하고, 지휘받고, 규제당하고, 틀에 짜 넣어지고, 교육받고, 선교받고, 통제받고, 평가받고, 검열받고, 단죄받는 것이다. 〔……〕 통치받는 것은 거래나 매매 또는 물가 변동이 있을 때마다 기록되고, 등록되고, 조사받고, 요금을 갈취당하고, 날인되고, 측정되고, 세금의 사정을 받고, 부과받고, 면허받고, 인가받고, 허가받고, 단서가 붙여지고, 방해받고, 개선 · 교정 · 정정받는다는 것을 의미한다. 그것은 공공의 복지란 구실 또는 전체의 이익이란 명목으로 이용당하고, 훈련받고, 강탈당하고, 착취당하고, 독점당하고, 착복당하고, 세금으로 짜내어지고, 기만당하고, 수탈당하는 것을 의미하며, 반항의 조짐을 보이거나 조금이라도 한탄하는 기색을 보이거나 하는 날이면 당장 억압당하고, 개심을 강요당하고, 멸시당하고, 노여움을 사고, 추궁받고, 구타당하고, 포박당하고, 투옥되고, 총살당

---

1) 국가에 대한 막스 슈티르너의 집중적인 비판은 Max Stirner(1980: 88~91) 참조.

하고, 기관총 소사를 받고, 재판받고, 선고받고, 제물로 팔려가고, 배반당하고, 그런 이에 또 희롱당하고, 냉소받고, 명예가 더럽혀질 것이다. 이것이 통치란 것이요 그것이 이른바 정의요 도덕이다. 〔……〕오, 인간의 인격이여! 너는 60세기나 긴 동안을 어찌 이같이 참담한 상태에 파묻혀 있을 수 있었단 말인가?(Guérin, 1970: 16)

바쿠닌은 통치 기구를 '백성의 생활을 게걸스럽게 삼켜 먹는 추상물'이며 '이 추상물의 이름 아래 한 나라의 참다운 포부와 생기가 아낌없이 그 자신을 매장되는 대로 맡겨놓는 거대한 무덤'이라고 보았다. 말라테스타에 의하면 '통치기관은 에너지를 창조하기는커녕 도리어 그 나름의 행동 방식에 따라 거대한 힘을 낭비하고 마비시키고 파괴하는 것'(Guérin, 1970: 16)이라고 한다.

또한 아나키스트는 통치 기구와 그 관료정치의 권한의 확대로 인한 위험에 대해 더욱 비난을 가한다. 프루동은 20세기 최대의 재앙을 다음과 같이 예견하고 있다. "관료 제도는 〔……〕국가 공산주의화, 행정 기구로의 모든 지방적 및 개인적 생활의 흡수, 모든 자유로운 사상의 붕괴를 촉진한다. 누구나가 권력의 비호 아래 몸을 기탁하고 사회의 비용으로 생활할 것을 구한다. 그것은 당장 그만두게. 하지 않으면 안 된다.""중앙집권은 부단히 강화되어 〔……〕사태는 사회와 정부가 공존할 수 없는 데까지 이

르고야 만다."(Guérin, 1970: 17)

앞에서 말한 바와 같이 아나키즘은 전체사회를 강제적인 권위로써 지배하는 집단은 없어야 한다는 정치철학을 주장하고 있다. 그리고 사회는 그 사회를 움직이는 데 필수적인 기능이 동등하게 분배되어 있는 다양한 집단으로 구성되어야만 한다는 것을 주장한다. 아나키스트들은 이들 간의 상호 관계와 사회 체계에서 특정 집단의 중요성에 관해서는 약간씩 견해가 다르겠지만, 몇 가지 유보 사항을 제외하고는 통치 기구에 대한 비난에 동의하고 있다.

버크만Alexander Berkman에 의하면 "아나키즘은 우리가 어떠한 종류의 강제도 없는 사회에서 살 수 있다는 것을 가르쳐준다. 자연히 강제가 없는 생활은 자유를 의미하며, 최선의 삶에 이르는 길을 열어주는 기회이다."(Berkman, 1969: 6) 이러한 특성은 아나키즘을 지지하는 사람과 그것을 싫어하고 두려워하는 사람 모두에게 하나의 실마리를 제공하고 있다. 아나키즘은 우리에게 스스로 올바른 행동을 하게 하는 수많은 규칙과 법규가 따로 필요 없는 평화롭고 자유로운 생활의 한 모습을 보여준다. 이와 같은 환상은 대단히 호소력이 있겠지만, 그것은 동시에 근대사회의 기초인 정부와 교회를 위협한다. 그래서 이것이 평화와 강제 없는 사회의 실현이라기보다는 혼돈을 초래할 것으로 믿는 사람들이 많으며, 이로 인해 아나키즘을 싫어하고 두려워하게 된다.

아나키스트들의 통치 기구에 대한 두려움은 그들의 국가관으로 연결된다. 월터Nicolas Walter는 다음과 같이 말한다. "많은 사람이 우리는 스스로를 지켜나갈 수 있다고 믿을 수 없기 때문에 정부가 필요하다고 말한다. 그렇지만 아나키스트들은 정부가 다른 사람들을 지켜나갈 수 있다고 믿을 수 없기 때문에 정부는 있으면 해롭다고 말한다."(Walter, 1969: 6) 국가는 주권 기관sovereign body이고 강제적 기관compulsory body이며 독점 기관monopolistic body이라는 것이다. 이러한 국가 체제의 특징으로 인해 국가는 강제적이고 처벌적이며, 또한 착취적이고 파괴적인 성격을 띨 수밖에 없다는 것이다.(Miller, 1984: 5) 그러나 아나키스트가 마치 현대 국가에 의해 수행되는 모든 기능을 불필요하게 여기는 것처럼 결론을 내리는 것은 잘못인 것 같다. 아나키스트들은 국가가 수행하고 있는, 전쟁의 위협으로부터 개인을 보호하고, 사회의 여러 가지 생산 작업에 있어 조정 역할을 하는 일이 필요하다는 것을 인정하면서도 이러한 일이 국가에게만 적합하다는 데에는 반대한다.(Miller, 1984: 6) 이렇게 아나키스트는 국가를 사회에 있어 부정의의 근원으로 본다.

국가관의 문제는 아나키즘과 맑스주의를 구별하게 만드는 주요 요소이기도 하다. 일단 아나키즘과 맑스주의는 궁극적으로 국가의 폐지를 주장한다는 데 있어서는 서로 일치한다. 그러나 혁명 방법에 있어 국가의 처리 문제는 아나키즘과 맑스주의 사이에 격렬한 논쟁을 야기시켜왔다. 아나키스트들은 당장 국가를 폐지하자고 주장했으나 맑스주의자들은 국가를 장악의 대상으로 보았다. 즉 프롤레타리아가 국가를 장악해야 한다는 것이다. 이에 대해 아나키스트들은 공산주의 혁명은 압제를 증대하거나 영속시키는 또 다른 국가를 형성시키는 것에 지나지 않는다고 주장한다.(Thomas, 1980: 2) 바쿠닌은 맑스를 비판하는 예언적인 글에서 공산주의 사회의 전체 미래상을 다음과 같이 그리면서 비판하였다.

> 맑스는 권위적이고 중앙집권을 추구하는 공산주의자이다. 그는 우리와 마찬가지로 완전한 경제적·사회적 평등의 성취를 원한다. 그러나 그는 국가 내의 평등, 국가권력을 통한 평등, 막강한(즉 독재적인) 과도정부의 독재를 통한 평등, 즉 자유의 부정을 통한 평등을 원한다. 그가 생각하는 이상적인 경제형태는 국가가 토지와 자본을 독점하고 국가 기술자의 지휘 아래 토지를 경작하고, 국가자본으로 모든 산업적·상업적 조직들을 통제하는 것이다. 반면 우리는 국가를 해체하고 법이라는 이름을 달고 있는 모든 것들을 폐지함으로써 완전한 경제적·사회적 평등을 성취하기를 원한다. 우리는 사회 재건과 인류 화합이 성취되기를 원한다. 그러나 우리가 원하는 방법은 위로부터 내려오는 각종 권위나 사회주의 관료나 기술자나 그 밖에 공인된 학자들을 통한 것이 아니라 국가의 굴레에서 해방된 모든 노동자 단체의 자유로운 연맹이라는, 아래로부터 올라오는 힘이다.(워드, 2004: 32)

4장 아나키즘의 현실 인식의 내용과 특성은 무엇인가 71

독일의 아나키스트 구스타프 란다우어Gustav Landauer는 국가와 사회를 한마디로 끝장낸다. 심오하고도 단순 명료한 요약이다. "국가는 혁명에 의해 없어질 수 있는 그런 것이 아니라, 하나의 조건이자 하나의 인간관계이자 하나의 인간 행동 양식이다. 다르게 관계를 맺고 다르게 행동함으로써 국가를 없앨 수 있다."

란다우어의 친구이자 유언집행자였던 마르틴 부버Martin Buber는 자신의 논문 「사회와 국가Society and the State」를 사회학자 로버트 매키버Robert Maciver의 말로 시작하고 있다. "사회적인 것을 정치적인 것과 같다고 보는 것은 모든 혼동의 가장 큰 원인이다. 그것은 사회나 국가에 대한 이해를 완전히 차단하기 때문이다." 부버에게 정치 원리는 권력·권위·계급·지배로 설명된다. 반면에 사회 원리는 사람들이 공동의 필요나 이해를 토대로 관계를 형성하는 곳에서는 어디서나 발현된다.

부버는 무엇이 정치 원리에 우위를 부여했는지 묻는다. 이에 대한 부버 자신의 대답은 이렇다. "모든 국민은 다른 나라로부터 위협을 느낀다. 이 때문에 국가는 국민을 통합하는 결정적인 권력을 손에 넣게 된다. 정치권력은 사회 자체의 자기보존 본능에 의존한다. 잠재적인 외부의 위기 덕분에 국가는 내부의 위기를 통제할 수 있다. 〔……〕 모든 형태의 정부는 한 가지 특징을 공유한다. 그것은 필요 이상의 권력을 지니고 있다는 점이다. 이 과도한 권한이 소위 정치권력이다. 이 초과분을 정확히 계산할 수는 없지만, 행정administration과 통치government 사이의 차이, 바로 그것이다." 부버는 이 초과분을 "정치적 과잉political surplus"이라 부르면서 다음과 같이 주장한다. "대내외적인 불안정, 국가 사이 또는 국가 내부의 잠재적 위기 상황은 이 과잉을 합리화한다. 사회 원리와 비교해볼 때 정치 원리는 항상 필요 이상으로 강력하다. 그 결과 사회적 자발성은 계속해서 축소된다."(워드, 2004: 35~36)

이러한 아나키즘의 국가관은 많은 정치철학적 문제를 함축하고 있다. 정치철학의 주요한 목표는 정치 질서, 특히 국가에 의해 구현된 정치 질서를 평가할 수 있는 타당한 기준을 만드는 데 있다고 할 것이다. 여기서 국가권력을 받아들이는 데 있어 실제로 수반되는 문제는 무엇이며, 정치권력을 옹호하는 대가가 무엇이냐 하는 문제를 성찰하는 과제가 제기된다 하겠다. 국가의 권력에 대한 주장과 개인의 양심과 자율성에 대한 주장 사이에 커다란 긴장 상태가 있어왔다. 절대적인 정치권력의 필연성에 대한 홉스의 고전적인 견해는 잘 알려져 있다. 홉스는 국가란 절대 권력을 통하여 최소한의 충족스러운 인간 생활을 누릴 수 있는 재화를 제공한다고 본다. 그리고 이 기본 재화가 평화와 안전이라고 주장한다. 이러한 주장은 인간 본성에 대한 그의 견해에서 출발한다. 그는 국가권력 사이에 가정된 모순 관계를 상기시키면서, 만일 국가를 포기하면 그 대가로 개인적인 무정부 상태와 혼란이 초래된다고 주장한다. 여기서 절대 권력을 받아들여야 할 타당한 근거를 얻지 못했다고 해서 정치 질서를 포기하는

4장 아나키즘의 현실 인식의 내용과 특성은 무엇인가 73

것이 과연 유일하게 남아 있는 선택인가의 문제가 남는다.

현대의 아나키스트 철학자 볼프는 "국가의 본질적인 특징은 권력, 통치할 권리이다. 인간의 일차적인 의무는 자율성, 통치받는 데 대한 거부이다. 그렇다면 자율성과 〔……〕 국가권력 사이의 충돌을 해결해줄 방법은 없는 것처럼 보인다"(Wolff, 1970: 15)고 주장하면서, "자율성이라는 덕목과 모순되지 않는 유일한 정치 강령은 아나키즘이라고 생각된다"(Wolff, 1970: 18)고 결론짓는다. 여기서 유의해야 할 것은 홉스와 볼프는 똑같은 가정을 받아들이고 있다는 점이다. 즉 홉스와 볼프는 시민이 자율적이면서 동시에 국가의 권력하에 놓일 수 없다는 가정을 공유하고 있다. 홉스는 자율성과 권력이 상충할 수밖에 없다는 데 동의하고 무정부 상태를 두려워하여 절대 권력을 택했고, 볼프 역시 권력과 자율성이 상충하는 것은 필연적이라고 생각하고 절대 권력을 두려워하여 아나키즘을 택했다. 여기서 홉스식의 절대 권력과 볼프식의 아나키즘만이 유일한 두 가지 선택지인가 하는 문제가 제기된다. 이와 함께 권력과 개인 자율성의 조화 문제가 등장하고 국가가 정당하게 권력을 주장하고 시민들이 올바르게 복종의 의무를 인정할 수 있는 조건에 대한 탐구가 시작되는 것이다.

아나키스트들의 통치 기구와 국가에 대한 두려움은 교회에 대한 혐오로 연결된다. 아나키즘이 교회를 비판하는 것은, 종교가 아직 잠재적 힘을 발휘하고 사회통제의 중요 기능을 할 때인 초기 산업사회라는 시대적 배경에서 아나키즘이 형성되었기 때문이다. 많은 아나키스트들은 신에 대한 믿음은 이성의 능력이 개발되지 못한 상황에서 일어나는 것으로 보고 있다. 그러나 그들의 주요 적은 종교 그 자체이기보다는 조직화된 종교, 즉 위계적 통제 구조를 유지하기 위해 관료적 사도들을 양산한 교회이다. (Miller, 1984: 8)

아나키스트들은 신도 위에 군림하는 사제의 권위를 모든 권위의 원천으로 보기도 한다. 왜냐하면 개인이 자신보다 현명한 어떤 사람의 권위에 넋을 잃게 되면 그 개인은 어떠한 권위에도 종속될 위험이 있기 때문이다. 또한 아나키스트들은 교회가 국가를 정당화하는 데 이용되어왔고 사제들이 정치적 종속을 유도하는 데 그들의 지위를 이용해왔다고 주장한다. 바쿠닌은 이를 과장스럽게 표현하여 "종교 없는 국가는 존재하지도 않았고 존재할 수도 없다"(Miller, 1984: 9)라고 말한다.

그러나 종교에 대한 아나키스트들의 태도는 일관된 것이 아니다. 아나키스트 역사가들은 종교개혁과 관련된 다양한 조류 중 일부를 아나키즘의 계통수에 넣고 있다. 중세 사회에 대한 극단적 사회 비판은 휴머니스트에 의해서가 아니라 성서의 원뜻을 존중하는 종교적 이단자들에 의해 처음 제기된다. 그들은 자구대로의 성서 해석에 기초하여 교회 및 교회가 누리고 있는 권위와 재산 소유 제도를 모두 공격하였다. 그들의 요구 속에 포함되어 있었던 것은 에덴동산에서의 자연적 정의로 돌아가고자 하는 열망이었다.

아나키스트들의 통치 기구와 국가에 대한 두려움과 공포감은 그들이 살았던 시대 상황과 밀접한 관계를 맺고 있다. 즉 당시의 주도적인 저항 이념은 그것이 자유주의로 불리든 사회주의로 불리든 간에 국가에 대한 혐오감과 관련돼 있었던 것이다. 19세기 전반에 있어서 국가는 대부분의 사회변혁 주창자들에 의해 대다수 시민 집단을 대표하는 대리자가 아니라, 자신의 백성을 제압하는 외부적인 권력으로 생각되었다는 점을 기억할 필요가 있겠다. 국가는 먼저 국민을 압도하는 강제 권력으로 생각되었고 이에 대한 저항은 자연스런 일이었다. 이러한 시대 상황을 배경으로 하여 아나키스트들의 유토피아적 성향과 저항 기질이 부정의의 원인으로 국가를 지목하게 된 것이다.

그러나 현대 아나키스트들은 정치와 국가에 대해 유연한 입장을 취하고 있다. 즉 정치와 국가에 대하여 부정적인 입장을 취하면서도 동시에 긍정적인 요소를 찾고자 한다. 이 점은 혁명가인 동시에 개량주의자였던 프루동도 마찬가지였다. 그는 '정치 연합'을 상정했고 이것은 국가를 전제로 하고 있는 것이다. 그의 이러한 입장은 그의 균형론에서 나온 것으로 모순적이면서도 합리적인 것이다. 아나키즘 사회는 크로포트킨이 말한 것처럼 "늘 성장하고 있는 욕구에 따라서 끊임없이 진보하고 재조정되는 사회"이다. 완전히 완성된, 이미 수정할 수 없는 사회가 아니라 잘못이 있으면 언제라도 수정이 가능한 사회이다. 오늘날의 국가는 19세기의 국가형태와 많은 점에서 다른 면을 가지고 있다. 오늘날의 많은 아나키스트는 국가가 본래 지니고 있는 강제적 권력의 위험성을 항상 경계하면서, 동시에 진정한 민주적 국가에 대한 희망도 가지고 있다고 하겠다. 여하튼 아나키즘의 국가관은 새로운 사회질서의 모델에 많은 영감과 교훈을 주고 있으며, 특히 국가의 존재론적·윤리적 정당성의 문제를 제기한다.

2. 대의제 민주주의에 대한 불신

개인적인 선택의 중요성에 대한 아나키스트들의 관심은 미래 사회의 구도와 혁명 전략에 대한 그들의 생각을 지배할 뿐만 아니라, 대의제 민주주의까지 거부하는 이유를 제공한다. 그들은 권위주의적 사회주의만큼이나 냉혹하게 부르주아 민주주의의 기만을 비난한다.

슈티르너는 국민이란 이름의 부르주아 민주주의 통치 기구도 고대의 절대주의적 통치 기구 못지않게 무서운 것으로 보고 있다. 또한 프루동에 의하면 민주주의는 입헌 전제정치 이상의 아무것도 아니다. 인민이 주권자라고 선언하는 것은 가부장주의자들의 술책이며, 실제로 인민은 주권자라는 호칭을 가졌을 뿐 조금도 위엄이 없는 왕이요, 왕의 흉내를 내고 있을 뿐이라는 것이다. 즉 인민은 형식상 군림하나 통치하지 않으며, 그의 주권은 보통선거의 정기적 실시에 의하여 위임되고, 3년 내지 5년마다 권리 양도가 되풀이되며, 통치자는 왕좌에서 추방되지만 대권은 고스란히 보존된다는 것이다. 또한 제대로 교육을 못 받은 민중의 수중에 맡겨진 투표용지는 토지 소유·상업·산업 등 각계 유력자들의 동맹에 이용되는 기만 수단에 불과하다는 것이다.(Guérin, 1970 : 17)

즉 주권재민의 이념은 그 자신의 부정을 내포하고 있는 것이다. 가령 인민 전체가 정말 주권자라고 한다면, 통치 기구도 통치받는 자도 없어질 것이고, 주권은 제로로 환원될 것이다. 따라서 통치 기구는 존재 이유가 없어지고 그것은 사회와 동일하게 되어 산업 조직 속으로 해소될 것이다.

바쿠닌 역시 "대의제도는 민중을 위한 보증이 되기는커녕 정반대로 민중을 통치하기 위한 또 다른 귀족정치의 존속을 창출하고 보장하는" 것이라고 보았다. 보통선거는 술책이요, 미끼요, 안전판이다. 이른바 "인민의 의지라는 이름과 구실하에 인민을 억압하고 몰락시키는 교묘한 수단"이요, "은행과 경찰과 군대에 의하여 지지되는, 실제는 전제적인 통치 권력을 그 이면에 숨기고 있는 가면"에 불과하다는 것이다.(Guérin, 1970 : 18)

아나키스트는 투표용지에 의한, 즉 선거에 의한 해방을 신용하지 않는다. 프루동은 적어도 이론상 기권주의자이다. 그는 만약 혁명이 정치혁명에 의하여 수행된다면, 그 사회혁명은 극히 타협적인 것이 되리라고 본다. 투표는 잘못이고, 비겁한 행동이고, 제도를 부패시키는 공모가 된다. 프루동에 의하면 집결한 모

78

든 구당파와 싸우기 위하여 우리가 법에 따라 선택하는 결전장은 의회의 안에 있지 않고 의회의 밖에 있다. 또한 보통선거는 반혁명적인 것이며 프롤레타리아트가 그 자신을 조직하기 위해서는 무엇보다도 먼저 부르주아 민주주의에서 탈퇴하지 않으면 안 된다.(Guérin, 1970: 18)

아나키즘은 인민의 주권보다 개인의 주권을 옹호한다. 이것은 자동적으로 아나키스트들이 민주주의의 형식과 견해의 많은 것을 거부함을 의미한다. 의회 제도는 개인이 그의 주권을 대표자에게 넘겨줌으로써 주권을 버리는 것을 의미하기 때문에 거부된다. 한번 개인이 주권을 버리고 나면 많은 결정은 그의 이름으로 이루어지고, 그는 그것에 대하여 여하한 통제도 가지지 못한다. 그렇기에 아나키스트들은 상징적으로도 현실적으로도 투표는 자유를 배반하는 행동이라고 본다. "보통선거는 반혁명이다"라고 프루동이 부르짖었을 때 그의 추종자들은 아무도 그를 반박하지 않았다.

그러나 민주주의에 대한 아나키스트의 견해는 형식에 관한 논쟁보다 훨씬 깊이가 있다. 아나키스트는 민주주의를 구성하고 있는, 개인과는 별개의 실재로서의 인민을 거부한다. 아나키스트는 또한 인민의 정부를 부정한다. 이 점에 관하여 오스카 와일드는 다음과 같이 아나키스트를 편들고 있다. "군주정치를 군중과 구별할 필요는 없다. 모든 권위는 한결같이 나쁘다." 특히 아나키스트는 소수자를 강제하는 다수자의 권리를 거부한다. 올바

름은 수에 있지 않고 이성에 있다. 정의는 머릿수를 헤아리는 데에서가 아니라 인간의 마음속에서 찾아지는 것이다. "내가 마음으로부터의 복종을 바칠 수 있는 힘은 단 하나밖에 없다. 즉 나 자신의 오성의 결정, 나 자신의 양심의 명령"이라고 고드윈은 말한다. 이와 함께 프루동은 "누구든지 나를 지배하려고 획책하는 자는 횡령자요 폭군이다. 나는 그 자를 나의 적이라 선언한다"고 말한다.(Woodcock, 1962 : 3)

그러나 대의제 민주주의에 대한 아나키스트들의 태도는 논리적으로 일관된 것은 아니다. 활동가로서의 프루동은 1848년 6월 자신이 제헌의회 의원으로 선거된 것을 묵인했으며 그후에도 여러 번 선거와 관련하여 애매한 태도를 취했다. 이러한 비일관성은 특히 스페인에서 아나키스트들이 취한 행동에 잘 나타나고 있다. (Guérin, 1970 : 19)

아나키스트가 부르주아 민주주의를 맹렬히 공격하고 있음에도 불구하고 그것의 상대적인 진보성을 인정하고 있는 것은 주목해야 할 점이다. 가장 완고한 슈티르너조차도 때로는 무의식중에 '진보'라는 말을 한다. 프루동은 한 걸음 더 나아가 "대중이 군주제 국가에서 민주제 국가로 옮겨 갈 때 거기에 진보가 있다"고 하였다. 바쿠닌은 "군주제를 위하여 우리가 부르주아 정부를 비판하려 한다고 사람들이 생각하지는 않을 것이다. (……) 가장 불완전한 공화국일지라도 가장 개발된 군주제보다 천 배나 나을 것이다. (……) 민주주의 제도는 공공생활의 면에서 대중을 조금씩 향

상시키고 있다"고 말하였다. 이렇게 보면 앙리 아르봉Henri Arvon
이 그의 『아나키즘』이란 소책자에서 "아나키스트의 민주주의 반
대는 반혁명적인 민주주의 반대와 혼동될 우려가 있다"(Guérin,
1970: 20)고 말한 것은 부정될 수도 있을 것이다.

　현대의 아나키스트인 볼프 역시 대의제 민주주의를 부정하고
있다. 볼프에 의하면 인간은 타인의 의지에 예속되는 한 자율적
일 수 없으므로, 만약에 스스로 입법자인 동시에 준법자일 수 있
다면 개인의 자율과 국가의 권위는 일치할 수 있다. 그런데 오직
만장일치적 직접민주주의unanimous direct democracy에서만 인간은
스스로가 입법자이며 준법자일 수 있다는 것이다. 이에 볼프는
유일하게 합법적인 정부는 만장일치적 직접민주주의에 의해 운
영되는 정부일 뿐이라고 주장한다. 볼프는 대의제 민주주의의
장애가 단순히 기술적인 것이므로 이를 보완함으로써 직접민주
주의 체제로 돌아갈 수 있다고 제안한다. 즉 개인은 의사 결정을
위해 전문 지식이 요구되는 안건에 대해서는 텔레비전을 통해
전문가들의 충분한 대담과 해설을 시청함으로써 자신의 견해를
정립한 후, 정해진 시간에 고안된 투표 기계home voting machine를
사용함으로써 직접 투표에 참여할 수 있다는 것이다.(Wolff,
1970: 34~37) 그런데 그는 직접민주주의 내에서의 의사 결정 방
법인 다수 통치의 합법성에 문제가 있다고 보았다. 다수 통치제
내에서는 다수에 반대하는 소수의 자율의 의무와 권위의 불일치
가 해소될 수 없으므로 다수 통치에 입각한 직접민주주의도 역

시 정당화될 수 없다는 것이다.

다수 통치 원칙의 정당성은 다수 통치를 처음으로 지지했던 사회계약이론에서 찾아볼 수 있을 것이다. 그러나 볼프는 이러한 견해는 불합리하다고 주장한다. 왜냐하면 그렇게 되면 최초의 합의에 의해서 군주 국가, 독재주의 등이 포함되는 어떠한 정체도 채택할 수 있다는 주장이 나올 수 있기 때문이다. 따라서 가장 합법적인 것처럼 보이는 다수 민주주의조차도 합법적인 권위를 갖지 못하기 때문에 정당화될 수 없다는 것이다. 이렇게 보면 어떠한 정부 형태도 합법적일 수 없으니 오직 유일한 가능성은 무정부일 수밖에 없는 것이다.

이상에서 말한 바와 같이 볼프는 개인의 자율과 국가의 권위가 일치하는 유일한 합법적인 정부는 만장일치적 직접민주주의에 의해 운영되는 정부 형태 외에는 없다고 주장한다. 그에 의하면 도덕적 자율은 "무엇을 행해야만 하는가에 대한 최종적 결정을 내리는 것"(Wolff, 1970: 15)을 의미한다. 따라서 오로지 만장일치적 직접민주주의하에서는 모든 개인이 권위의 결정에 동참하게 되며 그럼으로써 권위와 자율의 갈등이 해소될 수 있다는 것이다. 이때 의사 결정의 만장일치가 깨어진다면 그 순간부터 권위는 더 이상 적법한 권위일 수 없다. 즉 만장일치가 깨어지면 정치 공동체로서의 기능이 상실되어 무정부 상태에 이르거나 또는 최소한 비합법적인 상태, 즉 사실상의 권위국가가 출현해서 통제하게 된다는 것이다. 따라서 국가는 만장일치가 유지되는 경우에 있어서만 합법적일 수 있을 것이라고 주장한다.(Wolff, 1970: 24) 그러나 개개인의 자율과 권위의 일치를 근거로 해서 만장일치의 직접민주주의를 유일한 합법적인 권위국가로 예증하는 문제는 많은 논쟁을 야기시키고 있다.

아나키즘의 대의제 민주주의에 대한 입장은 그 논리적 타당성이나 그 실천 가능성에 대한 의문 때문에 황당한 의견으로 비판받을 수 있으나, 오늘날 현대 민주주의에 나타난 부정적인 여러 증후군과 관련시켜볼 때 쉽게 간과해버리기는 어려운 상징을 지니고 있다. 아나키스트들의 대의제 민주주의에 대한 불신은 통치 기구에 대한 불신의 연장선상에서 나온 것으로 국가를 매개로 사용하지 않고 직접적으로 자유를 획득하려는 욕망과 관련된다. 여하튼 아나키즘의 대의제 민주주의에 대한 비판은 현대 민주주의의 여러 문제점을 적시한 예언적 성격을 지니고 있다. 오늘날 한국 사회에서도 많이 거론되고 있는 시민사회운동, 비정부기구 논쟁, 전자 민주주의를 통한 직접 정치의 실현 등은 직간접으로 아나키즘의 담론과 연결되어 있다.

3. 권위주의적 사회주의에 대한 적대감

아나키스트들은 공통적으로 권위주의적 사회주의에 대하여 맹렬한 비판을 퍼붓는다. 아나키스트의 권위주의적 사회주의에 대한 비판은 19세기의 사회주의사상 속에서는 아직 맹아적인 미발전 형태로밖에 표명되지 않았던 사회주의의 권위주의적 경향이 20세기의 공산주의 세계에서 일반화되었다는 점을 상기시킨다. 이 점을 상기해볼 때 아나키스트의 비판은 결코 편협하거나 부당한 것이 아니며 예언적인 말로 들리기조차 한다. 아나키즘과 맑스주의는 카인Cain과 아벨Abel의 형제로 비유되기도 한다. 양쪽은 많은 부분에서 공통된 가설에 합의하고 있으면서도 화해할 수 없는 극단의 대립을 보이고 있다.

먼저 슈티르너의 맑스주의에 대한 공격을 살펴보자.[2] 슈티르너는 공산주의의 여러 전제를 승인한다. 그러나 슈티르너는 공산주의자의 신조가 해방을 향한 제일보에 지나지 않으며, '인간소외'를 완전히 극복하고 참으로 인간의 개성이 발전될 수 있도록 하는 것은 오직 공산주의를 넘어 나아감으로써 가능하다는 조건에서 공산주의의 전제를 승인하고 있다.

슈티르너는 공산주의 제도하에서 노동자는 결국 노동자 사회의 지배력에 종속될 것으로 보았다. 노동은 사회에 의하여 강제되고, 노동은 어디까지나 노동자에게 떠맡겨지는 역할을 할 수밖에 없는 것이다. 슈티르너에 따르면 공산주의자는 인간을 노동자 이상으로 보지 않는다. 노동자가 생산자로서 할 일을 다한 뒤에

---

2) 슈티르너와 맑스 간의 논쟁에 대한 상세한 내용은 Thomas(1980: 125~174) 참조.

는 개인으로서 자기 자신을 즐길 수 있는 기회를 가져야 한다는
가장 중요한 사항을 공산주의자는 등한시하고 있다는 것이다.
슈티르너는 무엇보다도 공산주의 사회에서는 생산수단의 집단
적 소유가 현재보다도 더 많은 권력을 국가에게 부여하지 않을
까 하는 위험을 예감하고 있었다. 20세기 공산국가들의 궤적을
상기해볼 때 참으로 예견적인 비판을 하고 있는 것이다. 슈티르
너의 말을 다시 한번 확인해보자.

> 모든 사유재산의 폐지에 의하여 공산주의는 나를 훨씬 더
> 타인에게 종속하도록 만들고, 사회라는 일반성 또는 전체성
> 아래 종속하도록 만든다. 그리고 국가에 대한 그 공격에도
> 불구하고 산업주의는 그 자신의 국가를 〔……〕 나의 자유로
> 운 행동을 마비시키는 상황, 즉 나에 대한 지배 권력을 설립
> 하려고 한다. 공산주의는 정당하게도 사유재산가들 아래에
> 서 내가 겪어야 하는 부정의에 대하여 분개한다. 그러나 이
> 보다 훨씬 더 무서운 것은 공산주의가 사회 전체의 손에 쥐
> 어주는 권력이다.(Guérin, 1970: 21)

프루동도 이와 똑같이 '개인은 전적으로 집단에 종속한다는
원리에서 출발하는 정부 중심적·독재적·권위주의적·교조주의
적 공산주의 체계'에 대하여 불만을 표시한다.[3] 프루동이 보기
에 공산주의자가 국가권력에 관하여 품고 있는 생각은 그들의

옛 주인의 그것과 정확히 똑같은 것이고 훨씬 자유가 적은 것이기도 하다. 그는 "적의 대포를 탈취한 군대와 같이, 공산주의자들은 소유자 계급의 군대를 향하여 그들의 포문의 방향을 돌려놓는 일밖에 아무것도 하지 않는다. 노예는 언제나 주인의 흉내를 낸다"고 주장한다. 그리고 공산주의자들이 주장하는 프롤레타리아독재도 인민에 토대를 둔 것처럼 위장을 하고 있으나, 실상은 옛날의 절대주의에서 빌려온 각종 강압 장치를 통해 인민을 예속시키는 것에 지나지 않는다고 비난한다. 프루동은 마치 스탈린주의의 출현을 예고한 듯 말하고 있다.

또한 프루동이 보기에 권위주의적 사회주의자들은 '위로부터의 혁명'을 요구한다. 그들은 "혁명 후에도 국가는 존속해야 한다고 믿는다. 그들은 국가·권력·권위 그리고 정부를 훨씬 더 강화하면서 존속시킨다. 그들이 행하는 모든 것은 명칭을 바꾸는 것뿐이다. 흡사 이름을 바꾸는 것이 사물을 변화시키는 데에 충분하기나 한 것처럼!" 프루동은 다음과 같이 결론 내린다. "정부라는 것은 본래부터 반혁명적이다. 성 뱅상 드 폴Saint Vincent de Paul을 권좌에 앉혀보라, 그러면 그는 기조Guizot나 탈레랑 Talleyrand과 같은 인물이 될 것이다."

바쿠닌의 권위주의적 사회주의에 대한 비판은 국제노동운동

---

3) 프루동과 맑스 간의 논쟁은 Thomas(1980: 175~248) 참조.

기구에서 맑스와 직접 충돌하면서 더욱 강도를 띤다.[4]

> 나는 공산주의를 몹시 싫어한다. 공산주의는 자유를 부정하고, 나는 자유 없이는 아무런 인간도 생각할 수 없기 때문이다. 나는 공산주의자가 아니다. 공산주의는 사회의 모든 권력을 집중시켜 그것들을 국가로 흡수시키기 때문이다. 또한 나는 국가가 폐지되는 것을 보고자 하는데, 공산주의는 불가피하게 국가의 수중으로 재산의 집중을 유도하기 때문이다. 나는 국가 감독의 권위주의적 원리가 완전히 근절되기를 바라는데, 공산주의는 사람들을 도덕화하고 문명화한다는 구실하에 사람들을 항상 종속시키고 억압하고 착취하고 퇴폐시켜왔다. 나는 집합된 또는 사회화된 재산과 그러한 체제의 사회가 어떤 종류의 권위에 의해서든 간에 꼭대기에서부터 밑바닥으로 향해서가 아니라 자유로운 결사free association를 통하여 조직되어 올라가기를 원한다. 〔……〕 그러한 의미에서 나는 집산주의자collectivist이지 결코 공산주의자communist는 아니다.(Guérin, 1970 : 22)

이 연설을 한(1868년) 얼마 후에 바쿠닌은 제1인터내셔널에 가

---

4) 바쿠닌과 맑스 간의 논쟁에 관한 것은 Thomas(1980 : 249~340) 참조.

맹했다. 그러나 제1인터내셔널을 지배하려고 한 맑스는 1870년 이후에 분파적·개인적 방법으로 바쿠닌과 대립하게 되었다. 바쿠닌의 맑스에 대한 비판은 종종 공정성과 성실성을 결하고 있는 것처럼 보일 수도 있을 것이다. 그럼에도 불구하고 훨씬 뒤에 러시아혁명을 이끌어간 노동운동의 조직과 프롤레타리아트 권력에 관한 몇 가지 이념에 대하여 바쿠닌이 1870년 이래 경종을 울렸다는 것은 높이 평가해야 할 점이다. 때로는 부당하게, 때로는 정당하게 장차 레닌주의로 발전하고 다음에는 스탈린주의로 성장할 수 있는 싹이 이미 맑스주의 속에 숨어 있다는 것을 바쿠닌은 간파했던 것이다. 바쿠닌은 다음과 같이 비난을 계속한다.

> 기본 원칙에서부터 말을 시작한다면 〔……〕 사상이 생활보다 우선한다는 것, 추상적 이론이 사회적 실천보다 우선한다는 것, 따라서 사회과학이 대중 봉기와 사회 재구성의 출발점이 되지 않을 수 없다는 것을 인정하고, 거기로부터 필연적으로 이념과 지식은 극히 한정된 사람들의 것이고, 이 소수자가 사회생활을 지도하지 않으면 안 된다는 결론에 도달한다.(Guérin, 1970: 24)

바쿠닌에 의하면 공산주의자들이 말하는 인민 국가라는 것은 또 다른 폐쇄적 귀족정치에 의해 인민을 지배하는 독재 정권 이외에 아무것도 아닌 것이다. 바쿠닌은 맑스의 주저 『자본론』을 러시아어로 번역했으며 노동자계급의 해방에 대한 맑스의 이론적 공헌을 누구보다도 잘 인정하고 있었다. 그러나 지적으로 우월하다고 하여 노동운동의 지도권을 잡을 수 있다고 주장하는 데 대해 바쿠닌은 반대하고 있다.

가장 지적이고 가장 선의를 가졌다 할지라도, 어떤 특정한 사람들의 그룹이 모든 나라의 혁명운동과 프롤레타리아트의 경제조직의 사상이 되고 중추가 되고 지도적인 통일된 의지가 될 수 있다고 주장하는 것은, 맑스와 같이 총명한 사람이 어떻게 그러한 것을 생각할 수 있었을까 의심할 수 있을 정도로, 상식과 역사적 경험에 어긋나는 사악한 논리이다. 〔……〕 세계적 규모의 독재 체제, 흡사히 기계를 움직이듯이 모든 나라의 대중 봉기 활동을 조절하고 조정하는, 말하자면 세계혁명의 견인자로서의 과업을 수행하는 독재 체제를 수립한다는 것은 〔……〕 그 자체가 혁명을 숨죽이게 하고 모든 대중운동을 마비시키고 왜곡시키기에 충분할 것이다.(Guérin, 1970 : 24)

보편적인 권력주의적 개념을 맑스의 것이라고 규정지은 점에서 바쿠닌은 확실히 맑스의 사상을 너무 가혹하게 곡해하고 있는지 모르지만, 제3인터내셔널(코민테른)의 경험이 그후에 가르쳐주는 바에 의하면 그가 경고한 위험은 결과적으로 실증된

셈이다. 공산주의 제도하의 국가관리의 위험에 관하여 바쿠닌은 선견지명을 보이고 있는 것이다.

바쿠닌은 러시아혁명이 닥쳐올 것을 믿고 있었던 것 같다. "만일 서유럽 노동자들이 너무 오랫동안 머뭇거리고 있으면, 그들에게 모범을 보여주는 것은 러시아의 농민일 것이다."(Guérin, 1970 : 25) 러시아에서는 혁명이 본질적으로 '아나키즘적'일 것이다. 그러나 그는 그 결과를 두려워했다. 위험성을 예감하고 있었다. 왜냐하면 사람들이 국가의 명칭과 형태를 변경할 수는 있어도 국가의 토대는 변경되지 않은 채 남아 있을 수 있기 때문이다. 바쿠닌은 다음과 같이 야유한다. "극도로 과격한 혁명가를 두고 생각해보라. 그에게 러시아 인민 전체 위에 군림할 수 있는 왕좌를 주거나 독재권을 주어보라. 〔……〕 일 년도 못가서 그는 차르〔황제〕보다 더 악독한 자가 되어 있을 것이다."(Guérin, 1970 : 25)

러시아혁명 당시의 참가자요, 증인이요, 역사 기록자인 볼린Volin은 그후 서유럽으로 망명하여 쓴 보고서에서 러시아혁명의 교훈이 바쿠닌의 예언과 일치하고 있다는 것을 입증하고 있다. 그는 사실상 사회주의 정부와 사회혁명은 서로 양립할 수 없는 요소로서 양자를 화해시킬 수는 없다고 본다.

비록 '잠정적'이고 '과도적'인 형태라 할지라도, 국가사회주의자들에게 그 운명이 맡겨진 혁명은 반드시 파산하고야만다. 혁명은 그릇된 길을 취하여 점점 급해지는 경사로 굴러 떨어진다. 〔……〕 모든 정치권력은 불가피하게 그것을 행사하는 사람들의 특권적 입장을 만들어낸다. 혁명을 횡령하고, 억압하고, 제약하는 권력은 지속하고, 지휘하고, 명령하기를, 한마디로 말해서 '통치하기'를 원한다. 정치권력은 불가피하게 관료적 강제 기구를 만들어낸다. 그렇게 해서 권력은 〔……〕 일종의 새로운 귀족·지도자·관료·군인·경찰관·여당〔……〕을 산출한다. 무릇 권력은 많든 적든 얼마간 사회생활의 통제 수단을 수중에 넣으려고 힘쓴다. 대중은 수동적으로 길들여지고 모든 발의의 의사는 권력의 존재 자체에 의하여 억압된다. 〔……〕 '공산주의자'의 권력은 〔……〕 확실히 도살용 도끼이다. 중대한 '권력'을 쥐고 있으면서도 그 권력은 모든 자유로운 행동에 대하여 공포를 느끼고 있다. 모든 자치적인 발의는 당장 의심받으며 위험한 것으로 보이게 된다. 〔……〕 왜냐하면 그들은 국정의 지도권 장악 및 그것의 독점을 바라고 있기 때문이다. 다른 방면에서 나오는 발의는 모두 지배 권력에 대한 간섭이요, 그 특권에 대한 침해로 비추어진다. 권력에 관한 한 그것이 허용될 수 없는 것이다.(Guérin, 1970 : 26)

이와 유사한 비판은 러시아혁명을 경험하고 미국의 아나키스트들에게 많은 영향을 미친 골드만Emma Goldman에 의해서도 생생하게 나타난다.(Goldman, 1980 : 153~162 참조) 이렇게 아나키

4장 아나키즘의 현실 인식의 내용과 특성은 무엇인가 91

스트들은 사회주의혁명의 과정에서 '잠정적인 것'이고 '과도적인 것'이라는 국가의 필요성을 단호하게 부정한다.

1936년의 스페인혁명 전야에 디에고 산티얀Diego Abad de Santillan은 권위주의적 사회주의자를 다음과 같은 딜레마로 몰아세웠다. "혁명은 생산자에게 사회의 부를 줄지도 모른다. 그러나 안 줄지도 모른다. 만일 준다면, 그리고 생산자가 공동으로 생산하고 분배하기 위하여 조직화된다면 국가가 해야 할 일은 이미 아무것도 남지 않는다. 그러나 만일 주지 않는다면 그 혁명은 기만에 불과할 것이고 국가는 존속할 것이다."(Guérin, 1970: 26) 이 딜레마는 너무 간단하게 되어 있기는 하지만 많은 암시를 주고 있다. 즉 통치 기구의 수명이 하루하루 단축되어가리라고 몽상할 만큼 아나키스트들은 순진하지 않고, 오히려 될 수 있는 한 조속히 그것을 소멸시킬 의지를 품고 있는 것이다. 이와 반대로 권위주의적 사회주의자들은 노동자의 국가라 일컬어지는 과도적인 국가가 영속하리라는 전망에 한결 만족하고 있는 것이다.

아나키즘의 교의에 의하면 모든 개인은 가장 지적인 사람들이라 하더라도 또는 가장 강자라 하더라도 그들이 생활하는 매 순간마다 대중의 의지와 행동의 주창자인 동시에 그 산물이다. 따라서 혁명운동은 이러한 상호 작용의 산물이며 전략적 관점에서 아나키스트는 개인적 행동과 자치적 대중의 행동을 똑같이 중요시한다.

맑스의 후계자임을 자처한 공산주의자들은 아나키즘을 격렬하고 끊임없이 비판의 대상으로 보고 있다. 즉 그들은 아나키즘을 유토피아적이고 소부르주아적인 사이비 혁명 이데올로기로 규정하고 있다. 아나키즘은 급진적이고 사이비 혁명적인 구호와 테러리즘의 방법을 선동함으로써 노동운동의 조직을 와해시키고 방향을 잃게 하며, 자본주의적 지배 체제에 노동운동을 굴복시킨다는 것이다. 특히 레닌은 '아나키즘과 사회주의'에 관한 테제에서, 아나키즘은 그것이 존속하는 기간 동안 '착취'에 반대하는 일반적 구호를 제외하고는 아무런 의미도 없다고 비난한다. 아나키즘은 자본주의적 착취의 원인도, 합법적으로 자본주의에서 사회주의로 나아가는 사회 발전도 이해하지 못하며, 또한 사회주의 실현을 위한 조직화된 프롤레타리아 계급투쟁의 역할도 이해하지 못하고 있다는 것이다. 나아가서 아나키즘은 "절망"의 산물이며 탈선한 지식인이나 룸펜 프롤레타리아의 정신일 뿐 프롤레타리아의 정신은 아니라고 비난한다.

아나키즘과 맑스주의와의 적대 관계는 1846년 5월 5일자로 맑스가 프루동에게 보낸, 사회주의자들 간의 공동의 관심사를 토론하기 위해 지속적인 관계 유지를 부탁하는 편지에 대해 프루동이 권위주의적 요소의 배제를 조건으로 달아 회신(Proudhon, 1980: 138~140 참조)을 한 이후 계속되어왔다. 우리나라에서도 아나키즘과 맑스주의를 두고 많은 논쟁과 갈등이 있어왔고(예를 들면 아나볼 논쟁), 일제강점기 독립운동 시에도 많은 갈등이 야기되었다.

4장 아나키즘의 현실 인식의 내용과 특성은 무엇인가 93

아나키스트들의 맑스주의에 대한 비판은 칼 포퍼K. Popper의 맑스주의에 대한 비판과 매우 유사하다. 포퍼가 맑스 이론 자체에 이미 전체주의적 성격이 있다고 보면서, 비판적 합리주의의 입장에서 맑스를 '열린 사회의 적'으로 규정한 것은 아나키스트들의 비판과 매우 닮았다고 볼 수 있다.(Popper, 1962 참조) 여하튼 아나키스트의 공산주의에 대한 비판은 매우 예언적이고 매우 현실적인 것이라는 것이 증명되었다고 하겠다.

4. 불평등에 대한 제한적 공격

아나키스트들은 종종 급진적인 평등주의자로 불린다.[5] 그러나 이러한 견해는 그들이 권위에 대해 철저히 반항한다는 견해보다는 설득력이 없어 보인다. 불평등 문제에 대한 아나키스트들의 해결 방안은 동등한 기회의 보장을 주장한 고드윈에서부터 기본적 필요에 따른 분배를 주장한 크로포트킨에 이르기까지 매우 다양하다. 그러나 크로포트킨의 평등주의조차도 이익의 차이를 인정하였다는 점에서 다른 견해들보다 급진적이라고 볼 수는 없다.

---

5) 아나키스트를 급진적 평등주의자라고 부른 것으로는 Berlin(1966: 141~142), Oppenheim(1970: 144) 참조.

여기서 사회적 불평등에 대한 아나키스트들의 견해에서 나타나는 유사점과 차이점이 그들이 공유하는 이상에서 어떻게 파생되었는가를 살펴보고, 이를 통해 부와 명성의 불평등에 대한 그들의 견해를 파악할 필요가 있겠다. 사회적 불평등에 대한 아나키스트들의 공격은 다양하면서도 제한적이다. 이는 그들 각자가 불평등을 공격하는 근거가 다르기 때문이다. 여기서는 아나키스트로서 불평등 문제에 많은 관심을 가진 고드윈과 크로포트킨의 평등관을 살펴보겠다.

사회적·경제적 불평등에 대해서는 고드윈이 가장 많이 반대하였기 때문에 다른 점을 전혀 고려하지 않는다면 그의 평등주의는 급진적이라고 생각할 수 있을 것이다. 그는 정부의 악덕과 불평등의 악덕을 동일시하였다.(Godwin, 1946: 453) 불평등은 공동체적 개체communal individuality를 방해할 뿐만 아니라 정부의 중요한 존재근거도 된다는 것이다. 즉 사회적 불평등은 국가 유지를 위한 근거가 되는 동시에 수단이 되는 것이다.

고드윈은 경제적 불평등으로 인한 피해가 합리적인 자주성을 고갈시킨다고 보았다. 경제적으로 계층 지어진 사회에서 가난한 사람들은 비록 그들이 안락한 생활을 한다 할지라도 노예근성과 작업에 대한 강요로 말미암아 억눌린 삶을 살게 된다. 불평등은 가난한 사람들의 이성을 마비시킨다. 이와 마찬가지로 부유한 사람들은 안락한 생활을 하지만 그들의 이성적 능력은 허영과 과시, 무절제와 나태 그리고 들뜬 야망에 의해 강화된다.(Godwin,

1946: 460, 465) 불평등한 명성은 불평등한 부로 인한 피해와 결합하게 되고 이러한 사회는 이성적 충고가 통하지 않는 복종과 오만을 낳는다.(Godwin, 1976: 23) 그는 또 불평등이 공동체의 본질인 대화 관계도 파괴시킨다고 주장한다. 억압 심리와 노예근성, 기만 심리 등은 경제적인 차이가 낳은 직접적인 결과로서 인간의 결속을 혼란에 빠뜨린다는 것이다.

그러나 고드윈은 불평등을 신랄하게 비난하면서도 권위와 부의 평등한 분배를 주장하는 데는 망설인다. "사람에 대한 대우는 그의 능력에 따라 정해져야 한다." "진실로 바람직한 것은 임의의 차별을 가능한 한 많이 제거하는 것이며, 재능과 미덕을 발휘할 수 있는 분야를 손상시키지 않고 남겨두는 것이다."(Godwin, 1976: 147) 고드윈은 극단적인 평등을 지지하지 않고 자신이 쌓은 업적에 따라 이익을 다르게 분배해야 한다고 주장한다. 그가 주장하는 평등은 기회의 평등인 것이다. 고드윈은 불평등한 대우를 비난하면서도 극단적인 평등주의를 주장하지 않고 공적에 비례한 불평등을 지지한다. 그가 이렇게 견해의 불일치를 보이는 것은 사유재산과 분배의 정의에 대한 자신의 신념 때문이다.

고드윈은 이성적인 개인이 평등을 산출하도록 돕는 것이 사적소유라고 믿는다. 자신의 소유물을 자기 스스로 내린 결정에 따라 사용할 수 있도록 자기 자신을 유산자로 만듦으로써, 이성적인 개인이 자유롭게 행동할 수 있는 영역이 확장되며 그 경계가 유지될 수 있다는 것이다.(Godwin, 1946: 422, 450) 고드윈이 사적 소유를 언명한 것을 두고 그가 경제적 평등을 거부하는 것으로 받아들여서는 안 될 것이다. 고드윈은 각 개인이 같은 양을 가진다면 평등한 부와 사적 소유가 공존할 수 있다고 보았다. 그러나 고드윈은 실제로는 사적 소유가 있는 곳에서 부가 언제나 불평등하게 분배된다고 믿고 있다.(Godwin, 1976: 93) 고드윈이 사적 소유가 허용되는 평등주의적 가능성을 적극적으로 추구하지 못하는 까닭도 그의 이러한 경험적 신념 때문이다. 이것은 고드윈의 큰 딜레마라 할 수 있겠다.

분배의 정의라는 생각도 그가 평등주의를 적극적으로 추구하는 것을 방해하였다. 고드윈이 말하는 분배의 정의는 생산에서의 공헌과 기본적 필요를 인정하는 복합적 개념이다. 기본적 필요라는 주장은 생활상의 요구에 불평등하게 대응하는 것을 금지함으로써 극단적인 평등주의를 지지한다. 반면에 공헌에 따른 분배라는 주장은 극단적인 평등주의를 단호하게 거부한다. 개인의 공헌은 그의 기본적 필요보다 다양하기 때문에 공헌에 따라 분배하는 사회는 필요에 따라 분배하는 사회보다 부가 불평등하게 편재되어 있다. 또한 개인적인 이익도 덜 평등하게 분배된다. 고드윈은 정당한 정의의 기준으로 생산에서의 공헌을 받아들이는데, 여기에서 그가 불평등을 비난한 강도에 비해 적극적으로 평등주의를 주장하지 못한 까닭을 알 수 있겠다.

고드윈의 아나키스트 후계자들은 불평등 문제에 대해 고드윈과 견해가 일치하는 것은 아니다. 그들은 보다 평등주의적인 제도를 제안하면서 적극적인 평등을 지지한다. 프루동은 사적 소유와 공적에 의한 분배라는 주장에 대해 적지 않게 말하고 있다. 그러나 이것은 바쿠닌의 저술에서는 삭제되었고, 크로포트킨의 저술에서는 거의 보이지 않는다. 바쿠닌은 생산재가 아닌 소비재에 대해서는 사적 소유권을 지지했으며, 작업 시간에 따른 분배의 원칙을 제안했다. 반면에 크로포트킨은 대중이 소유한 생산재와 소비재 모두와 소득이 거의 전적으로 필요에 따라 분배되기를 원했다.

공헌에 의한 분배 주장을 거절하고 필요에 따른 분배 주장을 허용하는 논거로서 크로포트킨은 재화의 가치에 대해 어느 한 개인이 어느 정도 공헌하였는가를 측정하는 것이 기술적으로 어렵다는 점을 들고 있다. 그는 한 광산의 예를 들어서 작업에 관계된 사람 중에서 누가 석탄의 가치를 가장 많이 부가시키는지를 묻고 있다. 광부·기술자·광산주 그리고 석탄을 운반하는 철도를 건설하고 광산용 기계를 제조한 사람 등 수많은 사람이 석탄 생산에 무엇인가 조금씩이라도 공헌을 했다. 그러나 누가 가장 많은 공헌을 했는가를 밝혀내는 것은 불가능하다는 것이다.

그는 사적 소유라는 주장을 분석하는 데도 유사한 기술상의 문제를 들고 있다. 생산도구와 소비 품목을 구분하기가 힘들다는 것이다. "노동자에게는 적당하게 난방이 되고 조명 시설이 갖추어진 방도 연장이나 기계와 같은 생산도구이다." "음식은 증기기관의 연료와 마찬가지로 생산의 일부분이다." "의복은 노동자에게는 망치만큼 중요하다."(Kropotkin, 1969: 63~64) 그러므로 생산수단은 공적 소유로 하고 소비재는 사적 소유로 하는 재산권 조정은 이루어질 수가 없다는 것이다. 생산수단과 소비재 모두 공적 소유도 될 수 있고 사적 소유도 될 수 있다는 것이다. 크로포트킨은 아나키스트가 이런 경우에 어떤 입장에 설 것인가를 전혀 의심하지 않았다. 그는 배타적인 사적 소유는 사회를 분열시키므로 아나키스트들의 선택은 철저한 공적 소유가 될 것임에 틀림없다고 보았다.

사적 소유에 대해서 그리고 공헌도에 따라 생산자에게 지불해야 한다는 주장에 대해서 기술상의 문제를 들어 반대하는 바탕에는 이것이 실천되면 공동체에 해가 된다는 보다 근본적인 생각이 깔려 있다. 특정한 공헌을 측정할 수 있고, 생산재는 공적 소유로 하고, 소비재는 사적 소유로 하게 하더라도, 크로포트킨은 자신이 달성할 목표인 결속된 공동체와 주체성을 인정받는 개인의 존재가 양립할 수 없다고 본다.

크로포트킨과 그의 사상적 선배들은 사회적 불평등 문제에서 왜 의견이 일치하지 않는가? 가장 중요한 이유는 개인과 공동체에 대한 개념이 서로 다르기 때문이다. 크로포트킨의 아나키스트 선배들에게서 나타난 개인에 대한 개념은 어떤 면에서 크로포트킨의 개념보다 합리적이다. 크로포트킨의 사상적 선배들은 사유재산에 의해서 그리고 배분의 기준이 되는 공헌도에 의해서 생긴 차이를 인정하는 데 친밀감을 가지고 있다. 또한 크로포트킨은

4장 아나키즘의 현실 인식의 내용과 특성은 무엇인가 99

공동체에 대해서도 그의 사상적 선배들이 생각하는 공동체의 개념보다 더 결속적인 공동체의 견해를 지니고 있다. 초기 아나키스트들은 개인의 자아 발달에 위협을 줄 수 있는 연대Solidarity에 대해 의구심을 가졌다. 그러나 크로포트킨에게 연대는 자아의 일부분이었다. 이러한 크로포트킨의 연대에 대한 인식은 공헌도와 사유재산 따위는 필요 없게 만든다. 불평등에 대한 크로포트킨의 비판이 다른 아나키스트의 비판보다 훨씬 강하지만 그렇다고 해서 극단적인 평등주의는 아니다. 극단적인 평등주의는 모든 사람이 똑같이 취급되어야 한다는 것인데 크로포트킨은 이를 거절한다. 분배 기준으로 필요라는 요소를 상정한 크로포트킨은 극단적인 평등주의를 지향하는 운동에 찬성하면서도 그것을 적극적으로 받아들이지는 못한다. 필요라고 하는 것은 사람을 다르게 취급하지 않고는 충족되지 않기 때문이다. 예를 들어 건강 욕구를 충족시키기 위해서는 건강한 사람보다는 아픈 사람에게 보다 많은 의학적 관심을 가져야 한다. 크로포트킨이 급진적인 평등주의를 거부한 또 다른 이유는 그의 공동체적 개인의 개념에서 찾아볼 수 있다. 그는 여타 아나키스트들 이상으로 모든 사람을 똑같이 취급함으로써 말살될 수도 있는 개인의 특이성·고유성을 강조하며, 나아가 각 개인은 혼자라는 것을 일깨워주는 개별화된 대우를 요구한다.

크로포트킨은 불평등을 극단적으로 비난하지 않고 아나키즘의 근본적인 원리를 따랐다. 크로포트킨이나 다른 어느 아나키스트를 단순히 평등주의자라고 부르는 것은 오해를 불러일으킬 수 있다. 그것은 아나키즘 이론에서 중요한 개념인 개인의 다양성을 모호하게 만들기 때문이다. 모든 사람을 똑같이 대우하는 것은 아나키스트들이 서로 다르게 평가하는 두 종류의 불평등을 없애는 것이다. 그것은 모두가 한탄하는 계급 불평등을 없애는 동시에 그들이 필수불가결한 것으로 간주하는 다양성까지 없애 버리는 것이다. 사회적 불평등에 대한 아나키스트들의 비판이 특별한 관심을 끄는 것은 그것이 '차이점'이 아니라 '위계 제도'에 초점을 맞췄기 때문이다. 아나키스트들은 각기 자신들의 선입관에 의해 주어진 한계 내에서 사회적 불평등을 감소시키려고 시도한다. 그러나 이 시도는 개인의 다양성을 말살시킬 위험성으로 인해 아나키스트들을 당황하게 만든다. 많은 다양성을 지닌 사회는 계서에서 완전히 자유로울 수 없다는 이유를 내세워 아나키스트들이 위계 제도를 날카롭게 비판하지 못하게 한다. 또한 아나키스트들은 사회적 불평등에 대해서도 어느 정도 참을 수밖에 없도록 강요당한다.(Ritter, 1980: 82~83)

5. 테크놀로지에 대한 양가성

아나키스트들은 테크놀로지가 생산과정을 변형시키는 조직과 기계로 구성되어 있다고 보고 있다. 그들은 근대산업이 발달하

면서 테크놀로지가 공동체의 사회적·심리적 전제 조건을 위태
롭게 한다고 판단하고 있었다. 산업혁명이 막 시작되었을 때 글
을 쓴 고드윈조차도 산업혁명 속에서 아나키의 도래를 위협하는
주요한 여러 징후를 보았다. 고드윈은 자신의 아나키스트 후계
자들 못지않게 근대산업의 초기 단계에서 채택된 분업이, 공동
체 구성원들이 주로 의지해온 친밀하고 유동적인 관계를 혼란에
빠뜨린다고 생각했다. 기계화에 놀란 그는 또한 기계화가 공동
체 구성원을 숙련공과 비숙련공으로 구분시켰을 뿐만 아니라 비
숙련노동을 매우 일상적인 일로 만들고 숙련노동을 더욱 단편화
시켜 그 사이를 더욱 벌려놓았다고 보았다.

　또한 대개의 아나키스트들은 산업 테크놀로지를 사회적 위계
제도의 한 원인으로 보고 두려워하였다. 테크놀로지가 생산자들
을 그들의 직업에 의해 분류할 뿐 아니라 명성과 부의 불평등을
더욱 확대시킨다고 본 것이다. 프루동은 산업사회의 불평등한 모
습이, "규칙적인 북소리에 맞추어 동시에 행진을 시작하지만 열
과 열 사이의 똑같던 간격이 점차 흐트러지는 일단의 군인들"과
같으며, "그들은 모두 전진하지만 그 행렬의 선두와 후미의 간격
은 계속 벌어진다. 이것은 느림보와 길을 잃어버리고 마는 사람
들이 있는 행진에서 필연적으로 나타나는 현상"(Proudhon, 1923:
191; Ritter, 1980: 83에서 재인용)이라고 묘사하고 있다. 이렇게 아
나키스트들은 산업 테크놀로지가 조장하는 직업의 단편화와 함
께 불평등을 비난한다.

이와 함께 아나키스트들이 테크놀로지에 대해 보이는 가장 커다란 관심은 테크놀로지의 심리적인 환경이다. 그들은 테크놀로지로 인한 노동의 단조로움이 소모적인 것으로서 심리적으로 공동체적 개체를 위협한다고 보고 두려워했다. 후기 아나키스트들은 테크놀로지의 사회적·심리적 악영향을 두려워할 뿐만 아니라 그것의 정치적 효과도 염려하였다. 프루동은 새로운 테크놀로지가 만들어내는 관리자 계층이 그들의 전문성을 작업장에서 부하 직원을 종속시키기 위해 이용할 것이라는 점을 우려했다.

바쿠닌은 보다 불길한 일을 걱정했다. 테크놀로지가 더욱 복잡해지고 이해하기 어렵게 될 뿐 아니라 각 산업 분야가 다른 산업 분야와의 관계에서 테크놀로지의 효용성에 더욱 의존하게 되면서, 기술 관리자들이 모든 사람을 통제할 수 있는 정치권력을 얻게 될 것이라고 판단한 것이다. 그는 다음과 같이 말한다.

모든 체제 가운데서 가장 귀족적이고 전제적이며 오만하고 남을 잘 경멸하는 체제인 과학적 지성의 지배가 사회를 위협할 것이다. 전문가라는 새로운 계급, 새로운 위계 제도가 생겨날 것이다. 세계는 과학의 이름으로 지배하는 소수와 무지해진 거대한 다수로 분리될 것이다.(Ritter, 1980: 84에서 재인용)

그러나 산업 테크놀로지가 아나키스트들을 놀라게 만들었다

고 해서 그들이 산업 테크놀로지를 전적으로 비난하면서 이상
사회에서 테크놀로지를 거의 중요하지 않게 취급하리라고 예측
하는 것은 잘못이다. 그들은 결코 기계파괴주의자Luddites는 아
니다. 그들은 테크놀로지가 발달함에 따라 공동체 내에서 그것
에 대한 지지가 증가하는 것을 알고 있었고, 따라서 그 테크놀로
지를 이용할 방법을 모색하려고 시도했다. 아나키스트들은 다른
제도에 대해서는 엄청나게 비판적인 것과 대조적으로 테크놀로
지에 대해서는 약간 애매하기는 하지만 보다 긍정적인 입장을
취하고 있다. 아나키스트들이 나쁘다고 생각한 것은 규제할 수
없는 테크놀로지이다. 적절히 통제된 테크놀로지는 오히려 성장
하는 희망의 원천인 것이다.

테크놀로지의 이용에 관하여 아나키스트들은 다소 서로 다른
다양한 계획을 제시하고 있다.

프루동은 테크놀로지가 아나키스트의 이상에 가하는 위협을
극복하기 위해서 전인교육과 직업 유동성이라는 개념을 제시한
다. 이것이 이루어지면 산업 테크놀로지가 야기시킨 심리적·사
회적 해악뿐만 아니라 정치적 해악까지도 완화시킬 수 있다는
것이다. 이러한 프루동의 견해를 크로포트킨도 적극 지지한다.
즉 아나키 경제체제에서는 전인교육이 이루어지므로 누구나 직
업을 가질 수 있으며, 또한 직업이 유동적이므로 자신의 현재 직
업이 일시적이라는 사실을 인식하고 있다. 따라서 관리자가 테
크놀로지를 지배하기 위해서 자신의 지위를 이용하려는 욕망이

104

나 능력을 갖지 못한다는 것이다.

크로포트킨은 테크놀로지를 이용하여 이를 좋은 하인으로 만들기 위한 계획들을 제시하고 있다. 그중 하나가 산업을 소규모 생산 단위로 조직하는 것이다. 소규모 작업장에서의 훨씬 친밀한 관계 그리고 전문화되지 않은 직업의 성격은 대규모 공장의 비인격적이고 단조로운 성격을 극복하여 공동체 구성원들이 서로 교감하게 하고, 자아 개발을 하게 만든다는 것이다. 또 다른 하나는 공업을 농업과 결합시키는 것이다. 농장과 공장을 합침으로써 생산자들이 농장과 공장에서 동시에 시간을 보낼 수 있으며, 공업과 농업 간의 직업 유동성으로 인해 다양한 직업 선택이 가능하다는 것이다.(Kropotkin, 1909: 358~360; Ritter, 1980: 85에서 재인용) 그리고 그는 경제적 자급자족을 주장한다. 아나키 구성원은 자신이 소비하는 재화를 스스로 생산한다. 크로포트킨은 테크놀로지 발달이 어떻게 자급자족을 쉽게 성취하도록 할 수 있는가를 밝히기 위해서 많은 노력을 기울인다. 이러한 그의 견해의 장점은 실용성이 아니라 직업의 광범위한 선택에 있다. 그는 아나키 경제와 같은 자급자족 경제는 특화된 경제체제보다는 훨씬 다양한 직업을 제공할 것으로 기대하고 있다.

맑스주의자나 자유기업인을 막론하고 19세기의 테크놀로지 숭배자들은 테크놀로지의 무한한 성장을 믿었다. 반면에 아나키스트들은 엄격하게 통제되는 경우에만 테크놀로지를 신뢰했다. 산업 테크놀로지의 기계적인 면을 이용하는 반면 조직화된 측면은 거부함으로써 아나키스트들은 19세기에 이미 약속됐던 테크놀로지의 미래의 전망을 제공했다고 볼 수 있다. 오늘날 광범위하게 논의되는 테크놀로지 발달로 인한 여러 문제점을 상기해볼 때 기계에 대한 경멸과 과학에 대한 찬양 사이에서 아나키스트들의 입장은 큰 호소력을 지닌다. 테크놀로지를 제한하고 그것의 선택적 성장을 꾀하면서 어떻게 산업사회에서 공동체적 정신을 증가시킬 수 있을까 하는 문제를 현대 산업사회에서의 인류의 중요한 과제로 본다면, 아나키스트들의 생각은 상당히 예언적이다.

아나키스트들의 테크놀로지에 대한 태도는 그들의 정의관의 토대라 할 수 있는 자연론적 사회관과 공동체의 지향에서 나왔다 하겠다. 특히 그들의 태도는 자연과의 조화를 강조하는 우주론적(자연론적) 정의관과 밀접한 관계를 맺고 있다. 아나키스트들은 자연과의 조화를 기계가 저해하지 않을까 하는 걱정을 하고 있는 것 같다. 그들은 자연이라는 용어에 대해 고향과 같은 감정을 가지고 있는 것처럼 보인다. 비록 그것이 명확하지는 않다 하더라도 선험적으로 받아들이는 것 같다. 그들에게 있어 자연이라는 용어는 서술 및 평가의 의미를 동시에 내포하고 있다. 자연은 '사물이 현존하는 상태' 및 '사물이 마땅히 지향할 바'를 포함하고 있다. 이것이 아나키즘이 동양 사상, 특히 불교나 도교 사상과 유사하게 평가받고 있는 이유 중의 하나로 보인다.

이와 관련하여 카펜터Edward Carpenter를 주목할 필요가 있다. 카펜터는 영국의 시인, 철학자로서 미국을 여행할 때 휘트먼에게 큰 자극을 받았다. 그후 동양으로 여행하여 인도에서 2개월 간 좌선을 수행하기도 하였다. 그는 미적으로 쾌락한 사회사상을 강조하면서 미적 아나키즘을 주창하였다. 카펜터는 그의 저서 『산업 자유의 방향』에서 다음과 같이 말하고 있다. "첫째는 생활 그 자체가 뭔가 선량하고 아름다운 것, 실제로는 살 가치가 있는 것이 되어야 하고 또한 되지 않으면 안 된다. 둘째는 산업 그 자신이 쾌락하지 않으면 안 된다."

카펜터는 이 두 개의 명제에서 쾌락하기 위해서는 자유롭고 창조적인 성격을 가져야 한다고 하였다. 즉 노동이나 산업이 '예술'이 되고 모든 사람이 '예술가'가 되어야 한다는 것이다. 카펜터의 미적 아나키즘은 사회현상 자체를 미적 관조의 대상으로 본다. 그는 종교도 도덕도, 국가도 사회도 그것들이 부여하는 미적 감동을 잃을 때에는 멸망한다고 함으로써 미 자체의 근원적인 힘을 인정하고 있다. 이러한 미적 감동이 우주적인 심포니를 연주한다면 그것이 바로 아나키즘 사회라는 것이다.

어쨌든 테크놀로지에 대한 아나키스트의 고뇌는 현대의 테크놀로지가 인간이 지닌 자연성을 파괴할지도 모른다는 두려움과 맥락을 같이한다.

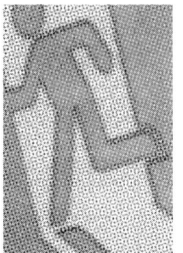

5장 아나키즘의 실천 방법과 딜레마는 무엇인가

1. 대안의 다양성

고전 아나키즘이 운동으로서 실패한 원인 중 제일 큰 요인으로 아나키즘 비판자들은 미래에 대한 구체적인 청사진을 제시하는 데 소홀한 점과 실제적인 방안을 제시하는 데 취약한 점을 들고 있다. 그러나 아나키스트가 그 기질상 새로운 사회에 대한 구체적인 청사진을 교의로서 내세우는 것 자체를 거부하는 것은 아나키즘에 충실한 자세일는지 모른다.

이 점은 혁명에의 접근 방식과 혁명 후에 나타날 사회형을 중심으로 아나키스트들과 맑스주의자들이 벌인 논쟁에서 극명하게 나타난다. 맑스의 변증법적 유물론 철학에서는 혁명이 역사적 법칙에 의해 예정되어 있는 것이다. 즉 혁명은 충분히 무르익은 경제력의 필연적 산물인 것이다. 반면에 바쿠닌은 자기 자신을 맑스와 같은 학설 고안자가 아닌 실천적인 혁명가라고 생각했다. 그는 어떤 선험적인 사고나 예정되거나 예지된 법칙이 존재한다는 것을 완강하게 거부하였다. 그는 인간이 스스로 자기 혁명을 그려낼 수 있으며, 인간의 삶을 추상적인 사회학적 공식이라는 프로크루스테스의 침대에 강제로 밀어 넣을 수 없다고 믿었다.(Bakunin, 1895: 91)

바쿠닌은 '어떠한 논리, 이미 만들어진 어떠한 학설, 이미 쓰여진 어떠한 책도 이 세계를 구하지 못할 것'(Carr, 1975: 167)이라고 주장한다. 그는 맑스가 노동 대상에게 논리를 가르침으로써 모든 사람이 가지고 있는 혁명에의 열망, 즉 자유에의 욕구, 평등에의 열정, 반란의 신성한 본능을 질식시켰다고 주장한다. 바쿠닌은 맑스의 과학적 사회주의와는 달리 아나키즘은 '순수하고 본능적'인 것이라고 말한다.(Avrich, 1967: 32)

여기서 아나키즘의 미래에 대한 청사진은 규범적이고 막연한 것이라는 것을 감지할 수 있다. 바쿠닌의 경우를 보면, 일단 정부가 제거되면 그것은 생산력과 경제적 기구의 조직에 의해 대체된다. 생산수단은 맑스가 원한 대로 노동자의 정부에 의해 국유화되는 대신 조직화된 자치적 생산조합의 자유로운 결사체로 대체되는 것이다. 새로운 사회에서는 병든 사람과 노인을 제외한 모든 사람이 육체노동을 할 것으로 기대되며 각자는 자기 노동에 대한 비율에 따라 보상을 받는 것이다.(Bakunin, 1895: 55)

5장 아나키즘의 실천 방법과 딜레마는 무엇인가 109

바쿠닌은 이런 아주 애매한 구도 이상으로는 나아가려 하지 않았다. 그 자신이 합리적 의견에 대해 경멸적인 태도를 취해왔기 때문에 그는 미래에 대한 구체적이고 세부적인 청사진을 제시하는 대신 대중이 일단 사유재산과 정부라는 굴레에서 벗어나기만 하면 창조적 힘을 보여줄 것이라는 사실을 믿었던 것이다. 그리하여 자유롭고 느슨한 협동조합과 농촌 공동체로 이루어진, 비집중적인 미래의 자유주의 사회야말로 사회 가치의 완벽한 재현과 인간성의 재고양을 이룩할 수 있다는 것이다. 이것은 아나키스트들이 철없는 이상주의자 또는 대안 없는 낭만주의자, 신비적 직관주의자로 비판받는 원인이기도 하다. 그러나 이러한 비판은 매우 부적절하다. 아나키즘은 이데올로기가 가지고 있는 일반적인 성격의 하나로 볼 수 있는 폐쇄성, 독단성을 뛰어넘는 열린 이데올로기이다.

또한 아나키스트들이 내세우는 미래상은 인간의 상호부조의 본능에 의해 만들어지는, 현재로서는 상상하기 힘든 목가적 사회를 제시하고 있다. 이러한 미래상은 그들의 자연론적 정의관에 기인하기도 한다. 농민들과 같이 소박하고 복음주의적인 심성을 가진 사람들은 이러한 목가적인 미래상의 비전을 받아들일 수 있을 것이다. 이러한 비전은 모든 사람이 순수한 형제애 속에 생활한다고 하는, 지상에서의 신의 왕국kingdom of God에 대한 그들 자신의 천년지복적millenarian 염원에 의하여 생기를 얻을 수도 있다.(Woodcock, 1962: 447) 또한 지식인이나 예술가도 이

비전을 그들 자신의 환상을 한껏 펼 수 있는 신화로서 받아들일 수 있을 것이다. 아나키즘운동이 그래도 성공한 것처럼 보였던 경우는 대개 농민운동적 성격을 띠었을 때라는 사실과 아나키즘이 예술 분야에서 큰 원군을 얻고 있다는 사실은 어떤 면에서 당연하게 보인다.

그러나 19세기의 현실주의 영향을 받은 일반 노동자계급과 중산계급은 아나키즘을 구체성과 정밀성이 결여된 것으로 보고 이를 받아들이는 데 주저하였다. 아나키즘이 가장 융성했던 나라나 지역은 산업의 발달이 뒤떨어지고 대중이 가난했던 곳이 많았다. 산업화는 결국 아나키즘의 공급원을 빼앗아갔다. 아나키스트들은 과거의 거울을 통해 미래를 상상하고 있는 것 같아 보인다. 따라서 그들의 미래상은 현실이 아닌 과거의 영상과 항상 엉켜서 나타나는 것처럼 보이기도 한다.

아나키즘의 미래에 대하여 또 하나의 불안한 측면은 그것이 달성되는 천년지복의 세상이 최후의 심판의 날까지 무한정 연장된다는 점이다. 그것은 일종의 혁명적 '그림의 떡'으로, 그 떡을 먹게 되는 그날까지 단식할 것이 요구된다. 왜냐하면 바쿠닌이나 크로포트킨의 뒤를 이은 많은 아나키스트들은 단편적인 개량이나 고용주가 풀어주는 노동조건의 개선, 임금의 향상 등에 대하여 경멸을 나타냈기 때문이다. 그들은 이렇게 얻어진 것들은 모두 일시적인 것이며 환각적인 것이라고 보고, 가난한 사람은 아나키즘의 천년지복의 세계에 이르러서야 참으로 해방될 수 있

5장 아나키즘의 실천 방법과 딜레마는 무엇인가 111

다고 보았다.(Woodcock, 1962 : 447)

아나키스트들은 과정을 무시하고 어설픈 개혁을 조롱하고 있다. 한때 노동운동에서 큰 영향력을 발휘했던 아나키즘이 결국 실패한 원인을 바로 여기에서 찾을 수 있을 것이다. 가난한 사람들은 아나키즘의 미래를 기다릴 수 없었고 결국 개량주의자를 따라가기도 했다. 자본주의의 발달은 생활수준과 여가의 범위를 현저히 확대시켜주었고 이와 함께 아나키스트의 분노와 구호는 이룩될 수 없는 유토피아 내지는 맥 빠진 비전으로 비쳤다.

아나키즘이 1930년대부터 1960년대에 걸쳐 거의 사라져버린 것으로 인식된 것도 바로 이러한 연유에서다. 그러나 현대 아나키즘은 그 양상을 달리하고 있다. 아나키즘 사회의 미래는 늘 성장하고 있는 욕구에 따라 끊임없이 진보하고 재조정되는 사회이다. 현대 아나키즘은 자기확산에 의거하여 부활하고 있다. 공동체운동, 자주관리운동, 생태운동 등을 통해 부활하고 있으며, 현대 아나키스트는 고전 아나키스트와는 달리 단계적 혁명론을 주장하고 있다.

또한 아나키즘의 특징은 이데올로기의 구조적 차원에서 분석될 수 있을 것이다. 하버Robert A. Harber는 이데올로기의 구성 요소를 (1) 일련의 도덕적 가치 체계, (2) 이 가치 체계가 실현될 이상 사회에 대한 설계, (3) 기존 사회구조에 대한 비판과 사회변동의 분석, (4) 미래 사회 건설에 대한 정책 방안으로 분류하고 있다.(Harber, 1968 : 558~559) 이를 요약하면 (1)과 (2)는 지향 가치, (3)은 상황 규정, (4)는 실천 방안이다.

이를 기준으로 본다면 아나키즘의 지향 가치는 천년지복적인 이상향적 목표를 제시하고 있으며, 상황 규정은 기존 사회에 대한 포괄적 비난에 근거하고 있다. 그러나 실천 방안이 구체적으로 무엇이냐 하는 문제는 쉽게 답이 나오지 않는다. 실천 방안이라는 요소는 상황 규정을 토대로 하여 지향 가치를 구현하려는 여러 가지 수단·처방·정책·제도·과정 등을 포함한다. 한편 이데올로기는 인간의 상황에 대한 표상과 앞날에 대한 전망과 이상, 이에 따르는 실천 방안의 변증법적 관계를 이성적으로 고찰하고 논리적으로 체계화한 것으로 볼 수 있다. 그렇다면 아나키즘은 이데올로기적 구조의 측면에서 볼 때 이데올로기적 기능을 발휘하는 데 있어 결함을 갖고 있다고 볼 수 있다.

이를 레자이M. Rejai의 이론을 빌려 좀 더 분석해보자. 레자이는 이데올로기의 구조적 차원을 (1) 인지적cognitive 차원, (2) 정의적affective 차원, (3) 평가적evaluative 차원, (4) 강령적programatic 차원, (5) 사회 토대적social base 차원으로 나누고 있다.(Rejai ed., 1971 : 2~10)

이상의 기준에서 볼 때 아나키즘은 강령적 차원과 사회 토대적 차원에서 결함을 가지고 있다. 이데올로기의 가치, 목표 및 목적은 다소 포괄적인 행동 속에 포함되어야 한다. 이데올로기는 신념·규범·관념들의 행동 관련 체계action-related system로 볼 수 있다. 또한 이데올로기가 이데올로기이기 위해서는 대중이라는 토대를 가져야 한다. 이데올로기는 쉽게 이해될 수 있고, 또한 이러한 이해를 바탕으로 목표와 목적들을 실현하기 위한 행동으로 나타날 수 있도록 대중에게 제시되어야 한다.

그러나 여기서 유의할 점이 있다. 아나키즘이 이데올로기의 구조적 측면에서 결함을 가지고 있다는 것이 바로 아나키즘의 생명력이라는 점이다. 아나키즘이 결코 사라지지 않고 새로운 단장으로 재등장하고 있는 것은 이데올로기가 가지고 있는 독단성, 폐쇄성을 뛰어넘는 유연성을 지니고 있기 때문이다. 이데올로기의 구조적 차원에서의 아나키즘의 엉성함은 그 틈새에 자유로운 상상력이 스며들 수 있게 하여 아나키즘을 항상 신선하게 재등장하게 한 원동력이다. 현대 아나키즘이 그러한 모습이다.

2. 조직적 실천력의 딜레마

정의의 실천을 위한 고전 아나키스트의 행동은 자발성이라는 장점을 갖고 있으나 동시에 조직적인 조정 기능이 없다는 결점을 안고 있다. 작은 폭동, 개인적 저항 행위 그리고 스트라이크 등 아나키스트들의 반란의 역사는 사회를 긴장 상태로 몰아넣은 데는 가끔 효과가 있는 것처럼 보였다. 그러나 그것은 대부분 사람들을 당황하게 했을 뿐 지속적인 효과는 가져오지 못했다는 비판을 받아왔다. 전형적인 아나키스트의 반란은 베네벤토Benevento,

사라고사Saragossa, 리옹Lyons 등 지방에서 일어난 봉기로, 그것은 고립무원에 빠져 패배했으며 그 실패로 말미암아 일반 대중에게 아나키즘운동에 대한 회의를 가져다주었다. 스페인에서 아나키스트들, 그리고 그들과 전국노동조합Confederaction National del Trabajo의 동맹이 스페인 내전의 초기에 카탈로니아Catalonia와 레반테Levante 지방에서 장군들의 봉기를 격파한 후 혁명 상황과 비슷한 어떤 것이 존재했다는 것은 사실이다. 그러나 이 사건은 아나키스트들에게 강요된 것이었지 그들에 의하여 만들어진 것은 아니었다는 평가를 받고 있다. 그들은 조직적 결속력이 없었기 때문에 그들이 획득한 우위를 확보할 수 없었다. 사실 아나키스트들은 고도로 개인주의적이고 비직업적인 반역자임을 보여주었고, 이 역할에 있어서 때로는 성공했지만 어느 경우나 혁명을 쟁취하여 공고히 하기 위한 지속적인 노력을 계속할 능력을 보여주지는 못하였다.(Woodcock, 1962: 446)

이러한 현상들은 아나키스트들의 조직에 대한 태도에서 기인한다. 아나키스트들은 조직을 혐오할 뿐만 아니라 두려워하기까지 한다. 그들은 조직을 권력과 강제를 산출하는 모태로 본다. 아나키스트들은 조직이 가지고 있는 여러 함정에 대해 예민하게 반응한다. 그러나 아나키즘의 이론이 무조직과 동의어는 결코 아니다.

프루동은 아나키즘이 혼란을 의미하는 것이 아니라 질서를 의미하는 것이며, 더욱이 그것은 위에서부터 강제된 인위적 질서

5장 아나키즘의 실천 방법과 딜레마는 무엇인가   115

와 대조가 되는 자연스러운 질서라고 주장한다. 이러한 사회는 "사람답게 생각하고 말하고 행동하는 바, 그것은 바로 그 사회가 한 사람의 인간에 의하여 대표되지 않고, 개인적인 권위를 인정하지 않기 때문이며, 그 사회 내에서는, 유기적으로 살아 있는 모든 존재가 다 그렇듯이, 파스칼의 이른바 무한과 같이 그것의 중앙은 도처에 있고 그것의 경계선은 어디에도 없기 때문이다."(Guérin, 1970: 42) 즉 그는 아나키를 조직된 사회이자, 살아 있는 사회이며 '인류가 도달할 수 있는 자유와 질서의 최고 단계'로 보고 있다.

이탈리아의 아나키스트인 말라테스타도 조직과 질서의 중요성을 다음과 같이 상기시키고 있다.

권위주의적인 교육의 영향을 받아 권력을 사회조직의 중추라고 생각하게 되었으므로 권력과 투쟁하기 위하여 사회조직을 부정했다. 〔……〕 조직에 적대하는 아나키스트들의 기본적 과오는 조직은 권력 없이는 있을 수 없다고 생각하는 데 있고, 일단 그 가설을 받아들이고 보면 최소한의 권력을 긍정하기보다 차라리 어떤 종류의 조직이라도 거절하려고 한다. 〔……〕 만일 우리가 권력 없는 조직은 가질 수 없다고 믿고 있다면 우리는 권력주의자가 되고 말 것이다. 우리는 생활을 불가능하게 하는 무조직보다는 생활을 감금하여 비참하게 만드는 권력을 오히려 선택하게 될 것이기 때문이다.(Guérin, 1970: 42)

20세기 러시아의 아나키스트 볼린은 이러한 생각을 발전시켜 더욱 명료하게 설명하고 있다.

아나키즘이라는 개념이 일체 조직의 부재를 의미한다고 주장되고 있는 것은 매우 잘못된 해석이다. 보다 큰 문제는 조직이냐 비조직이냐에 있는 것이 아니라 조직에 대한 두 가지 다른 원리에 관한 것이다. [……] 물론 아나키스트는 사회가 조직되어 있어야 한다고 주장한다. 그러나 이 새로운 조직은 [……] 자유롭고, 사회적으로 그리고 무엇보다도 우선 기초로부터 출발하여 만들어져야 한다. 조직의 원리는 전체를 독점하고 전체를 강제하기 위하여 미리 만들어진 센터에 의해서가 아니라, 정반대로 대등 관계의 마디들을 연결하도록 모든 방면으로부터 출발하여 이 모든 마디들에게 봉사하는 자연스러운 센터가 되도록 만들어져야 한다. [……] 다른 한편 억압적이고 착취적인 구사회의 조직을 모방한 다른 종류의 '조직'은 구사회의 온갖 결점을 조장할 것이고, [……] 그것은 새로운 기교를 수단으로 해서만 유지될 수 있을 것이다.(Guérin, 1970 : 43)

이렇게 아나키스트들은 권력의 부패하는 본성에 초점을 두고 있으며, 또한 인간이 타인에 대하여 권위를 행사하지 않고서도 그들 자신의 일을 해나갈 수 있다고 믿고 있다. 이것은 사회에서 질서가 없어져버릴 것이라는 의미가 아니라, 오히려 사람들은 어떤 권위에 의하여 만들어진 것보다 더 나은 체계를 협조적으로 만들 수 있고 또 그렇게 한다는 의미이다. "공통적인 필요를 느끼게 되면 사람들의 뜻을 모으고 시행착오를 거쳐서, 즉흥적 해결의 시도와 실험을 통해서 혼돈으로부터 질서가 창조된다. 이 질서는 외부에서 강요된 어떤 질서보다도 더 영속적이다."(Ward, 1966: 103) 그리고 이 질서와 이 조직은 강요된 것에 의해 가능한 어떤 것보다도 더욱 인간의 필요에 적합하게 고안되어 있을 것이다. 왜냐하면 그것은 '자발적' '기능적' '일시적' '소규모적 일' 것(Ward, 1966: 101)이기 때문이다.

이러한 내용을 정리하면 다음과 같다. 첫째, 모든 아나키즘은 어떤 결사체Association에서든 자발적 성격을 갖는다. 둘째, 결사체는 자신의 독특한 필요를 가져야 하며 그 필요 하나만을 실현시키도록 설계되어야 한다. 셋째, 결사체는 필요가 충족되면 없어질 것이다. 아나키즘에서 말하는 조직은 자유를 원리로 하고 프루동이 말한 부분 계약적 성질을 가지는 것이다. 따라서 목적 달성 후에는 해산을 원칙으로 한다. 끝으로, 결사체는 그것에 의해 지배되기보다는 오히려 사람들이 그것을 지배할 수 있을 만큼 소규모이어야 한다.

이러한 아나키스트의 조직관은 지향 가치로서가 아니라 사회 혁명이라는 구체적인 실천 과제와 연결될 때 이데올로기의 기능적인 측면에서 많은 문제점을 야기시킨다. 이것은 이데올로기의 구조적 측면에서 볼 때 사회 토대적 차원의 결핍을 의미한다. 이데올로기가 그 기능을 발휘하기 위해서는 반드시 사회집단과 제휴되어야 한다. 즉 대중이라는 토대를 가져야 한다. 이데올로기는 쉽게 이해될 수 있게, 그리고 이러한 이해를 바탕으로 목표와 목적을 실현하기 위해 행동화를 유발하게끔 대중에게 제시되어야 한다. 이데올로기는 본질적으로 동원된 신념 체계이다. 이데올로기의 동원 기능은 견고한 조직 없이는 불가능하다. 조직은 신념과 행동의 연결 고리이다. 그러나 이러한 조직은 아나키스트들이 생각하는 그런 자발적이고 자연적인 조직이 아니다. 동원기능을 담당할 조직은 저절로 생기는 것이 결코 아니며 또한 대중에 의해서 결성되는 것도 아니다. 이 조직은 정교하게 짜여진 유기체여야 한다. 따라서 이데올로기에 있어 조직은 엘리트 개념이며 엘리트 기능이다. 이러한 면에서 아나키스트들이 대중의 자발성에 기대를 걸면서 자연 발생적 운동 조직을 기대한다는 것은 너무나 순진하다고 볼 수도 있겠다. 아나키즘이 비정치적 이데올로기로 평가받는 것도 이러한 맥락과 관계가 있다.

　이데올로기를 개념Ideas과 행동Action의 연결 체계로 파악할 때, 그 연결 관계가 간접적인가 직접적인가에 따라서 이데올로기는 순수 이데올로기Pure Ideology와 실천 이데올로기Practical Ideology로 분류된다고 서만Franz Schurman은 주장한다.(Schurman, 1968: 21~22) 순수 이데올로기가 개인에게 통일되고 의식적인 세계관을 제시하려는 관념 체계라면, 실천 이데올로기는 개인에게 합리적인 행동 지침을 제시하려는 신념 체계이다. 순수 이데올로기가 없이는 실천 이데올로기가 정당화될 수 없지만, 또한 실천 이데올로기 없이는 그 세계관을 일관된 행동으로 옮길 수 없다. 순수 이데올로기가 가치에 관한 것이라면 실천 이데올로기는 구체적인 처방과 행동 지침을 제공해준다. 이러한 실천 이데올로기를 뒷받침해주는 것이 정교하면서도 광범위한 조직이다. 이러한 면에서 볼 때 고전 아나키즘은 구체적 실천 방안의 결핍과 인위적 조직의 정서에 나타났듯이 실천 이데올로기가 부족한 것으로 평가될 수 있겠다.

이상의 논의를 통해 아나키즘은 비정치적 인간의 정치론으로 평가받을 수 있겠다. 허버트 리드Herbert Read의 표현에 의하면 아나키즘은 순수를 갈망하고 개인적인 야망을 갖지 않은 사람들의 정치 이론이며, 재산의 불평등한 분배를 바라는 일이 없고 인종과 직위, 신분을 따지지 않고 항상 인간적인 가치를 찾아 노력하는 사람들의 정치 이론이다. 또한 국가와 패거리의 이해 때문에 행동하는 따위의 짓을 하지 않는 사람들의 정치 이론이다.(리드, 1983a: 8) 우드코크 역시 아나키스트들은 사회변혁을 성취하는 전술에 대한 방법은 서로 다르지만 그들이 자기 자신을 비정치적 또는 반정치적이라고 보는 점에서 일치하고 있다고 본다.(Woodcock, 1962: 28) 정치 세계에서는 전략적으로 정치를 이용해야 한다는 생각은 가지고 있지만, 그것이 정치운동 자체에 대한 아나키스트의 공격을 약화시키는 것은 결코 아니다. 악령의

손으로 악령을 몰아낼 수 없다는 크리스트의 주장과 마찬가지로 아나키스트들은 정치 행위와 인위적 법률에 의하여 사회를 변혁하려는 생각에 기초를 둔 모든 제도와 정당을 반혁명적이라고 본다. 그 논거로서 정치적 수단에 의하여 수행된 모든 혁명은 독재로 끝났다는 사실을 그들은 지적한다. 아나키스트들의 맑스주의자에 대한 공격의 근원도 여기서 시작된다.

이러한 아나키즘의 특징은 자연론적 사회관에 바탕을 둔 공동체적 개인의 지향이라는 맥락 속에서 나온 것이라 하겠다. 즉 아나키즘이 '비정치적 인간의 정치관'으로 비치기도 하고 또한 유토피안적 성격으로 공격당하는 원인도 여기서 연유한다.

현대 아나키스트들의 양상은 어떠한가? 고전 아나키스트들은 조직에 대해 이중적 태도를 가지고 있었다. 조직의 필요성을 인정하면서도 조직의 권위주의적 성격에 대한 두려움을 본능적으로 가지고 있었다. 그러나 현대 아나키스트들은 조직이란 이름 대신에 '연대'라는 용어를 사용하면서 조직이 가지고 있는 문제점을 넘어서려고 노력하고 있다. 근래에 경영조직 이론에서 '아나키즘 조직론'이라는 것이 등장하고 있고 이의 구체적인 형태로서 팀Team제가 많이 거론되고 있다. 아나키즘의 조직론이 현대 조직 경영의 중요 이론으로 등장하고 있는 것은 많은 시사점을 주고 있다. 특히 정보화 사회, 네트워크 사회에서 아나키즘적 조직론은 많은 공감대를 형성하고 있다.

3. 혁명 주체의 갈등

아나키즘의 정의 실천 방안에 있어 또 하나의 딜레마는 대중의 자발성 및 엘리트의 역할에 관한 것이다. 아나키즘의 혁명 주체는 '대중' 또는 '민중'이라는 이름으로 매우 포괄적으로 표현되고 있다. 아나키스트들이 계급투쟁의 관념을 인정한 것은 사실이지만 그들은 결코 그것을 프롤레타리아트와 부르주아지로 제한하지는 않았다. 왜냐하면 그들은 반란의 본능을 모든 억압받는 대중 계급의 공유물로 보았기 때문이다. 이러한 생각은 바쿠닌에 의해 잘 대변된다. '혁명의 비전은 억압받는 대중의 진정한 반란에서 나오는 것이며, 혁명 주체는 노동자계급 외에도 사회의 가장 어두운 모든 요소들, 즉 원시적 농민들, 도시 빈민가의 룸펜 프롤레타리아, 실업자, 방랑자 등 인간의 비참한 노예화를 발판으로 삼아' 번성한 사람들에 대항하는 모든 계급을 포함하고 있다.(Avrich, 1967 : 32)

맑스가 고도로 발달된 산업국가에서 성숙한 프롤레타리아의 반란을 예견한 반면, 아나키스트들은 족쇄 말고는 잃을 것이 하나도 없을 정도로 가난한 사람들이 사는 곳에 가장 강력한 혁명적 투쟁이 있다고 보았다. 아나키스트들은 합리론자로서의 냉소를 가졌던 맑스와는 달리 비노동자들의 혁명 능력을 결코 부인하지 않았다. 맑스의 계급론은 유물사관에 바탕을 둔 사회 분석의 과정과 결과에서 나온 것이지만, 아나키스트들의 계급관은 매우 본능적이라 하겠다. 이러한 태도는 어떤 법칙을 만들어 과학적 예언이라고 주장하는 것에 대한 아나키즘의 경멸과도 관련이 있다.

이러한 아나키스트들의 생각은 맑스주의자들과의 끊임없는 논쟁을 야기시켜왔다. 아나키스트들의 포괄적인 계급투쟁 개념은 맑스가 경멸해왔던 비조직적, 개별적 사회 요소에도 기회를 준 것이다. 맑스의 견해에 따르면 아나키스트들이 혁명 주체로 내세우는 잡다한 구성 요소는 자신의 계급을 구성할 능력도 없으며 부르주아의 필수 불가결한 성분도 되지 못한다. 이들은 다만 중간계급의 앙금이자 낙오자들로서 의뢰인 없는 변호사, 환자 없는 의사, 보잘것없는 저널리스트, 가난한 학생 등 계급투쟁의 역사적 과정에서 아무런 능동적 역할을 할 수 없는 계층들일 뿐이다.(Avrich, 1967 : 33) 그러나 아나키스트들은 이러한 낙오된 인텔리들을 격렬하게 싸울 수 있는 혁명적 힘으로 본다. 왜냐하면 낙오된 인텔리들은 현재의 어떠한 상황에서도 자신들의 역할을 찾을 수 없으며, 현재의 조직을 제거할 즉각적인 혁명을 제외하고는 어떤 개혁의 전망도 찾을 수 없기 때문이다. 여기서 낡은 체제를 전복하는 데 있어 인텔리들이 맡은 역할의 중요성이 제기되었다. 즉 잠자고 있는 대중의 반란성을 일깨워 파괴의 불을 붙이는 역할을 인텔리가 하는 것이다. 이 문제는 아나키즘운동에 있어서 대중의 자발성 문제와 엘리트의 역할 문제에 끊임없는 혼선을 야기시켰다.

5장 아나키즘의 실천 방법과 딜레마는 무엇인가 123

아나키스트의 문헌에 의하면 사회정의의 실천은 거의 대중운동의 자발성에 의지하고 있다. 전략·전술에 관심을 가진 아나키스트의 경우에도 대중의 자발성에 대한 믿음은 강하다. 이것은 아나키즘의 정의관의 원천인 '자연론적 사회관'과 '자주적 개인관'에서 기인한 것으로, 이념사적 측면에서 볼 때는 1848년의 프랑스혁명에 대한 깊은 향수와도 관계가 있다.

프루동에 의하면 "혁명에는 선도자가 없다. 운명이 손짓할 때 혁명은 다가온다. 혁명을 잉태시킨 불가사의한 힘이 고갈될 때 혁명은 끝난다." "모든 혁명은 대중의 자발성에 의하여 성취되었다. 때로는 정부가 대중의 발의에 따랐다 하더라도, 그것은 강요되고 강제되었기 때문이다. 거의 언제나 정부는 방해하고 억압하고 공격했다." "대중은 지도자의 정책에 의하여 인도되고 있을 때보다 본능에 따라 행동할 때 자신을 훨씬 정확하게 본다." "사회혁명은 [……] 기성의 이론을 가진 사상가의 명령이나 예언자의 암시에 의해 일어나는 것이 아니다. 참으로 유기적인 혁명은 보편적 생활의 소산이고, 비록 그 선구자와 실행자를 가진다 할지라도 결코 한 개인의 사업은 아니다."(Guérin, 1970: 34) 이렇게 프루동은 혁명이 위로부터가 아니라 밑으로부터 행해져야 한다고 보았다. 일단 혁명적 파국이 극복되고 나면 사회 재건은 일반 대중 자신의 사업이 된다는 것이다. 또한 프루동은 '대중의 인격성과 자율성Personality and Autonomy of the Masses'을 긍정한다.

바쿠닌 역시 사회혁명은 위로부터 명령되거나 조작될 수 있는 것이 아니라 대중의 자발적이고 계속적인 행동에 의해서만 일어날 수 있고 발전할 수 있다는 것을 되풀이하여 말했다. 그에 의하면 혁명은 '어두운 밤의 도적처럼' 닥쳐오며 '우발적인 사건의 힘에 의하여' 일어난다. 또한 혁명은 일반 대중의 본능적 의식 속에서 오랫동안 준비되고 그런 뒤에 종종 하찮아 보이는 이유로 인해 촉진되어 폭발한다. 이때 우리는 혁명을 예측하고 그것이 가까워짐을 예감할 수는 있으나 폭발을 재촉할 수는 없다.

바쿠닌에 의하면 아나키즘적 사회혁명은 "대중의 한복판에서 자연 발생적으로 일어나고 그런 뒤에 대중적 영혼의 깊이로부터 발생하는 자유로운 사회생활의 새로운 방식을 창조하기 위하여 고결한 상승을 방해하는 모든 것을 파괴하면서 진행된다"(Guérin, 1970: 34~35)고 한다. 크로포트킨도 "아주 드물게 행사되기는 하지만 대중이 고도로 갖추고 있는 〔……〕 이 자발적 조직화의 경탄할 만한 정신"을 찬양한다.

그러나 이렇게 극히 대범하고 낙관적인 단정을 하면서도 아나키스트들은 중대한 모순에 직면한다. 대중의 자발성은 불가결하고 절대적으로 혁명에 선행하는 것이긴 하지만, 이것이 현실적으로 불충분하다는 것을 아나키스트들은 알고 있다. 즉 대중의 자발성을 의식적인 것으로까지 높이는 데는 혁명을 이끌어갈 수 있는 혁명적 소수자의 원조가 필요하다는 것이 분명해지는 것이다. 그러나 여기서 엘리트가 지적 우월성을 이용하여 대중의 역할을 가로채고 그들의 창의성을 마비시키며 그들에게 새로운 지배를 강제하는 위험을 어떻게 방어할 것인가의 문제가 제기된다.

여기에 아나키즘의 실천운동으로서의 혁명의 담지자에 대한 혼선이 일어난다. 프루동은 자발성을 목가적으로 찬양하면서도 대중의 무기력을 개탄한다. 그러므로 대중의 집단적 행동은 선동되지 않으면 안 된다는 것이다. 즉 밖으로부터 계발되지 않으면 하층계급의 예속은 무한히 계속된다는 것이다. 그래서 그는 "어느 시대에나 대중을 선동한 관념은 몇 사람의 사상가의 두뇌 속에서 잉태되었다. 〔……〕 선행하는 것은 대중이 아니다. 정신의 모든 작용에 있어서 선행하고 있는 것은 개인에 속한다"고 말하고 있다. 그 의식적인 소수자가 그들의 지식, 즉 혁명적인 지식을 민중에게 전달하게 된다면 그것이 이상적이라는 것이다. 그러나 실제에 있어서 프루동은 이러한 종합에 대하여 회의적이었던 것 같다. 그는 그것을 기대하는 것은 권위의 침투적 특성을 과소평가하는 것이라고 보고 있다. 또한 그는 기껏해야 두 요소, 즉 의식적 소수자와 대중과의 '균형을 취하는 것'이 가능할 것이라고 본다.(Guérin, 1970 : 35)

아나키스트가 되기 전에 비밀결사와 음모 조직을 배후에서 조종한 경험이 있었던 바쿠닌은 대중을 각성시키기 위해서는 소수자의 행동이 광범위한 대중의 각성에 선행되어야 한다는 사고방식에 접근하고 있었다. 그리고 프롤레타리아트의 대규모 조직운동, 즉 국제노동자협회(제1인터내셔널)에서도 이 논의가 다른 형태로 제기되었다. 그 무렵에 아나키스트가 되고 있었던 바쿠

126

닌은 의식적 전술의 필요성에 대한 확신을 변경하지는 않았다. 그는 반동에 대한 혁명의 승화를 위해서는 모든 사상과 혁명 행동을 통일하는 기관을 가지는 것이 필요하다고 말한다. 그 수가 적고 많고 간에 같은 사상을 가지고 같은 목적을 지향하는 사람들의 그룹은 자연스럽게 대중에게 영향을 미치지 않으면 안 된다는 것이다. 또한 아나키스트는 대중적 동란의 한복판에서 눈에 띄지 않는 수로 안내자의 역할을 하지 않으면 안 된다는 것이다. 바쿠닌은 아나키스트의 안내자 역할은 견장도 칭호도 공식 권리도 가지지 않고, 아무런 권력다운 외양을 갖추지 않아야 한다고 주장한다. 그는 이로 인해 아나키스트에게 더욱더 강력한 영도력이 생긴다고 주장한다.

그러나 바쿠닌은 지도자니 영도자니 하는 그의 용어가 얼마나 아나키즘의 적들이 사용하는 용어에 가까운가를 모르는 것은 아니었다. 그는 이에 대한 변호를 하고 있다. 즉 의식적인 전위는 대중의 은인이어서도 안 되고, 전제적 수령이어서도 안 되며, 단지 백성 자신에 의한 해방을 원조하는 산부인과 의사에 불과하다는 것이다. 전위가 할 수 있는 일이란 대중 속에서 대중의 본능에 호소하는 사상을 보급하는 일이지 결코 그 이상은 아니며, 나머지 부분은 대중 자신에 의해서 실행되지 않으면 안 되고 또 그렇게 될 수밖에 없다고 주장한다. 이렇게 바쿠닌은 다가올 혁명에서 소수의 인텔리겐차에게 중요한 역할을 위임하는 동시에, 자코뱅파Jacobins 당원들이나 그들의 충실한 제자였던 오귀스트

5장 아나키즘의 실천 방법과 딜레마는 무엇인가 127

블랑키August Blanqui처럼 자신들을 위해 정치적 권력을 장악하려는 인텔리겐차의 시도에 대해 경고하고 있다. 이러한 자신의 경고에도 불구하고 바쿠닌은 소수자들로 구성된 그 자신의 비밀 조직을 만들기로 결심했다. 그에 따르면 그 요원들은 가장 엄격한 규율에 절대 복종하며 혁명 지도 체제에 예속된다. 그리고 이 비밀 조직은 혁명이 완수된 후까지도 존속하여 어떠한 관료적 독재의 출현도 봉쇄한다.(Avrich, 1967: 36) 크로포트킨을 포함하여 바쿠닌의 잘 알려진 제자들까지도 스승의 이 이상하고도 모순적인 혁명 정책의 일면에 대해 어리둥절해했다. 아마도 이것은 비밀결사와 음모 조직을 배후에서 조종했던 과거 경험에 대한 집착과 아나키즘 사상 사이에서 나온 바쿠닌의 갈등일 것이다.

이상에서 살펴본 바와 같이 아나키스트들은 양극, 즉 대중운동의 극과 의식적 소수 엘리트의 극 사이를 우왕좌왕하고 있었다. 이것은 러시아와 스페인의 아나키즘운동에서 제일 극적으로 나타난다. 대중의 자발성에 대한 큰 기대와 이에 대한 실망은 아나키스트의 행동에 다양한 변화를 주고 있다.

대중과 엘리트 사이에 일어나는 이러한 혁명 주체의 혼선과 갈등은 아나키즘에만 나타나는 고유한 것이 아니라, 모든 혁명운동, 사회운동에 흔히 나타나는 현상이라 할 수 있다. 대중과 엘리트 간의 관계를 어떻게 설정하느냐에 대해서는 대중과 엘리트의 정체성 문제, 엘리트의 지위와 역할 문제 등과 연관되어 다양한 이론이 제기되고 있다.

4. 직접행동과 파괴 충동

앞에서도 말했지만 아나키스트들은 정치적 신념이 이유가 되어 한때 미국으로의 이민이 제한된 유일한 집단이었다. 이것은 20세기 초에 일부 아나키스트들이 보여주었던 테러에 대한 두려움 때문이었다.(Sargent, 1978: 159) 사실 아나키즘은 일반인에게 부정적인 철학, 파괴의 철학 또는 니힐리즘과 동일시되는 경향이 있었다. 이에는 어느 정도 아나키스트들의 책임이 있다. 그들 중 일부는 공공연히 파괴적인 면을 강조하기도 했으며, 현 제도에 대한 신랄한 비판에 비해 그들의 대안은 너무 단순하여 사람들을 설득시키기가 어려웠다.

이러한 현상은 많은 아나키스트들의 조직보다는 개인의 직접적인 행동을 중시하는 경향과도 밀접한 관련을 맺고 있다. 사실 자주·자립정신을 운동에 적용한 것이 직접행동이다. 직접행동이라면 곧 실력 행사나 무력 행동으로 이해되기 쉽지만, 직접행동의 본질적인 의미는 자기를 직접적으로 표현하고, 왜곡되어 있는 자신을 스스로에게 되돌아오게 하는 것이다. 그러나 이 직접행동에는 파괴의 충동이 어느 정도 포함되어 있을 가능성도 있다.

아나키스트들의 사유 틀에 파괴라는 것이 고립하여 존재하지는 않는다. 프루동은 『경제적 모순Economic Contradiction』(1846)에서 산업 전제정치Industrial Caesarism를 공격하기 위한 구호로 "나는 파괴하고 건설한다Destraumo et Aedificabo"라는 어구를 사용하

5장 아나키즘의 실천 방법과 딜레마는 무엇인가 129

였다. 바쿠닌 역시 「독일에서의 반동」에서 파괴의 창조성을 강조하고 있다.

이렇게 아나키즘의 선조들이 언급한 파괴의 철학은 그후의 아나키스트들에게 짙은 그림자를 남겼다.[1] 스페인의 아나키스트 지도자 두루티Buenaventura Durruti는 내전으로 인한 파괴의 한복판에 서서 반 파센Pierre van Passen에게 다음과 같이 장담하고 있다.

우리는 조금도 황폐를 두려워하지 않는다. 우리는 전 세계를 계승하려 하고 있다. 그 점에 대해서는 조금도 의심할 바 없다. 부르주아지는 역사의 무대를 떠나기 전에 자기의 세계를 파괴하여 황폐화시킬지도 모른다. 우리는 우리 마음속에 새로운 세계를 갖고 있다. 그 세계는 지금 이 순간에도 성장하고 있다.(Woodcock, 1962: 11~12)

그러나 아나키스트들의 파괴와 폭력에 대한 인식은 많은 불일치를 보이고 있다. 아나키스트들은 그들의 궁극적 목적에 대해서는 합의하고 있으나 그 목적에 도달하는 방법에 대해서는 많은 불일치를 나타내고 있다. 특히 파괴와 폭력의 경우에 더욱 그러하다. 톨스토이주의자들은 어떠한 상황에서도 폭력을 인정하

---

1) 아나키스트들의 격렬한 테러는 Kedward(1971)에 상세히 기술되어 있음.

130

지 않았다. 이것은 간디 등에 의하여 아나키즘의 또 다른 전통으로 이어지고 있다. 스테판 츠바이크Stefan Zweig는 톨스토이를 현대의 가장 정열적인 아나키스트이자 반집산주의자라고 표현하고 있다. 이러한 표현은 톨스토이의 생애의 후반 30년간의 사상과 설교 및 소설 속에 숨겨진 경향을 생각하면 정확하다고 하겠다. 그러나 톨스토이는 스스로를 아나키스트라고 칭하지 않았다. 이것은 아나키스트란 용어가 이미 폭력적 수단으로 사회를 변혁시키려는 사람을 지칭하고 있었기 때문이다.

1880년대에 아나키스트 그룹을 형성하기 시작한 톨스토이와 그 추종자들은 아나키즘과 그리스도교 정적주의Christian Quietism을 결합시키고 정부를 압제의 사악한 수단으로 비난하면서도 혁명적 행동 역시 증오와 폭력의 원인이라고 보아 회피했다. 그들은 유혈을 통해서는 사회를 개혁할 수 없으며 오로지 인간이 그리스도의 사랑을 배울 때만 사회 개혁이 가능하다고 믿었다. (Avrich, 1967 : 54)

고드윈은 토론을 통하여, 프루동과 그 일파에게 협동조합 조직을 평화적으로 늘림으로써 변혁을 초래할 것을 주장하였다. 크로포트킨은 그의 온화한 본성에도 불구하고 결코 폭력의 사용을 총괄적으로 거부한 것은 아니었다. 그는 고귀한 동기로 폭군을 암살한 경우라면 암살자의 행동을 지지했다. 그러나 크로포트킨은 암살자가 독재적 압제자에 대한 어떤 개인적인 증오심이 아니라 압제받는 자들에 대한 연민에서 암살을 결정해야 그 암살이 정당성을 인정받을 수 있다고 주장한다. 항상 파괴의 충동 속에 있었던 바쿠닌은 몇 번이나 바리케이드 위에서 싸우고 농민 봉기의 잔인함을 찬양했지만 때때로 파괴에 대해 마음이 동요되기도 했다.

유혈혁명은 인류가 어리석기 때문에 간혹 필요하다. 그러나 그것은 그것이 초래하는 희생 때문만이 아니라 그 이름 아래 행하여지는 목적의 순수함과 완전함 때문에도 언제나 악이다. 끔직한 악이요 대참사다.(Woodcock, 1962: 13)

아나키스트의 폭력에의 경향성은 잘못 이해되고 있는 요소도 많다. 이 문제는 아나키즘이 생성되었던 당시 프랑스, 영국 등 유럽의 사상적 배경 및 혁명 전통의 유산과 깊이 관련되어 있다. 이러한 경향성은 자코뱅파, 블랑키주의자Blanquists, 맑스주의자, 마치니Mazzini와 가리발디Garibaldi의 추종자들이 가지고 있던 그 시대의 공통된 현상이었다. 파리코뮌의 기억이 사라지면서 폭력은 혁명적인 신화의 일부분이 되었고, 정치 생활에 있어서 오랫동안 풍토적인 것이 되었다. 이러한 분위기 속에서 아나키스트들은 다른 당파와 마찬가지로 폭동과 테러를 당연한 것으로 생각했는지도 모른다. 그러나 스페인과 러시아의 특별한 조건을 제외하고는 폭력적인 아나키스트들의 숫자는 근소했으며 그들의 행동도 1874년부터 시작되었다.(Woodcock, 1962: 14) 그러나 근소한 숫자에도 불구하고 그들의 테러적 명성은 널리 퍼졌다. 이것은 아나키스트들의 테러에 의해 희생당한 사람들이 저명인사—미국의 대통령 및 왕족들—인 탓도 있고, 암살을 한 아나키스트들이 스스로 재판관임을 자임하면서 재판정에서 의연한 태도를 보인 것과도 관련이 있는 것으로 보인다.

아나키스트의 혁명 개념에 있어 테러리즘적 요소는 '행동적 프로파간다'라는 측면과 밀접하게 관련되어 있다고 볼 수 있다. 폭력을 많이 자제한 크로포트킨은 테러를 억압받는 대중에게 유용한 몇 안 되는 저항 수단의 하나로 보고 있다. 왜냐하면 테러는 '행위의 선전 수단'으로서 반란적 본능을 일깨우는 구호 또는 선전 전단을 보충해주는 역할을 할 수 있기 때문이다. 구스타프 란다우어의 말에 의하면 "원하는 것은 행동하는 것과 동일한 것이다."(Funke 외, 1985: 230) 아나키스트들은 테러를 '행동적 프로파간다'의 수단으로 보고, 테러를 통해 인민대중을 깨우치고 교육시키며 계몽하고 혁명으로 인도하여 혁명 자체를 스스로 점화할 수 있다고 믿었다. 전래의 계몽적 수단—대중 집회, 신문, 전단 등—이 단지 제한적인 영향만을 미친 것에 대해 실망한 일부 아나키스트들은 아나키즘적인 행동이란 활자화된 말과 연설을 통한, 그리고 칼과 총 및 다이너마이트를 통한 영속적 도전이라고 선전하였다. 이런 식의 행위를 단 한 번만 보여주어도 수천 장의 전단보다 더 많은 선전 효과를 갖는다는 것이다. 19세기의 마지막 20년간 유럽의 로만어 국가들에 있어서 '행동적 프로파간다'(Funke 외, 1985: 230), 즉 아나키즘과 테러리즘의 연결은 그 정점에 도달하였다. 이 '행동적 프로파간다'는 직접행동의 대표적인 형태라 할 수 있다.

그러나 테러리즘이 아나키즘의 혁명 개념 속에 필연적으로 내재하는 것이냐 하는 문제는 많은 논란을 불러일으킨다. 실용적 아나키즘 또는 평화적 아나키즘이라 불리는 아나키즘의 또 다른 유파들은 유토피아와 폭력적 방법을 포기한다. 그들은 아나키즘의 과업은 미래 사회를 꿈꾸는 것이 아니라 현재의 사회 속에서 가능한 한 최대로 아나키즘적으로 행동하는 것이라고 주장한다. 그렇지만 테러리즘을 아나키즘의 실천 수단으로 허용하기도 했던 아나키즘의 혁명 개념은 아나키즘을 사회주의적 혁명운동과는 분명하게 구별시켜놓았다.[2] 바로 이 점에서 맑스와 엥겔스가 바쿠닌을 비롯하여 아나키스트들에게 비난을 가하였다. 그 당시 아나키즘과 사회주의의 차이점은 목적과 수단의 상이한 관계이지 반드시 그 목적은 아니었다. 맑스주의자에게 있어서 근본적인 사회 변화란 유물사관과 같이 장기적인 사회 발전 과정의 결과인 반면에, 아나키스트에게 있어서 사회 변화는 자발적인 방법에 따라 이루어질 수 있는 것이며, 또한 테러의 도움으로 만들어질 수도 있는 것이다. 발전의 과정을 결정하는 것은 사회 계급

---

2) 아나키즘과 맑스주의의 관계는 Thomas(1980: introduction) 참조.

이지 결코 개인이 아니라는 역사관을 지닌 맑스주의적 혁명운동과는 달리, 맑스의 자본주의사회의 분석에서 나온 장기적 전략을 하찮게 생각하는 아나키스트들은 테러리즘의 유혹에 빠져들수 있는 요소가 있다고 볼 수도 있다.

우리는 테러리즘을 유발시킬 가능성을 내포한 아나키스트들의 자발 의지적인 혁명 개념의 형성 요인을 몇 가지 측면에서 찾을 수 있을 것이다. 첫째는 아나키즘의 여러 가지 발생 조건들 그 자체에서 찾을 수 있다. 아나키즘운동은 역사적으로 볼 때 봉건사회에서 시민사회로 이행하는 분기점에서 발생하였다. 이 운동은 자본주의적 생산관계와 법률관계의 도입으로 인해 지금까지의 협동조합적인 생활 방식에서 추방된 수공업자들과 소규모 농민들에 의하여 종종 주도되어왔다. 그 대표적인 경우가 아나키즘운동사 중에서 가장 혁혁한 활동을 한 스페인의 아나키즘운동이다. 아나키즘의 실천자들은 자본주의적 세계에서 태어난 사람들이 아니라 이주해온 첫 세대들이었다. 그들은 근대적 조건에 적응할 수 없었으며 오히려 근대의 생산품이었다. 자본주의적 법과 생산관계는 최단시간에 공제조합적인 생활 관계를 파괴해버렸다. 아나키즘적 항의는 바로 이러한 위협을 받은 평화로운 세계를 위한 표현이었다. 상실된 공동체를 가능한 한 짧은 시간에 혁명적으로 재건하고 아나키 상태를 실현하고자 하는 욕망은 테러를 실천 수단으로 허용하는 근원이 되었을 것이다.

둘째는 이미 전술한 것처럼 아나키즘이 봉건사회와 시민사회

5장 아나키즘의 실천 방법과 딜레마는 무엇인가 135

의 전환점에서 발생하였다는 점과 관련된다. 아나키즘은 시민사회의 정치적 해방이 뒤늦게 이루어지고 봉건적 사회구조가 정치체제 내에서 불변적 잔재물로서 19세기 및 20세기 초까지 계속 작용했던 사회에서 번성하기 쉬운 성질을 가지고 있었다. 그리고 정치적 자유주의가 의회주의적 정부 체제를 관철하는 데 부분적으로 또는 완전히 좌절하였거나, 정부의 경찰력에 의하여 무자비하게 강압을 받은 나라들인 스페인, 이탈리아, 러시아 등에서 아나키스트의 테러가 왕성하였다. 한 국가의 관료 체제가 경직되면 경직될수록, 경찰관서의 압박이 심해지면 심해질수록 그리고 국가기구들이 권위주의적으로 형성되면 형성될수록 아나키즘적 항의는 더욱 크게 일어났고 상황에 따라서는 테러리즘으로 전환되었다. 즉 정치적 테러리즘은 민주주의의 성장도와 밀접한 관계를 갖는다는 점에 유의할 필요가 있다고 하겠다.

셋째는 아나키즘 정의관의 원천이라고 할 수 있는 자연론적 사회관에서 기인한다. 아나키스트들은 파괴를 자연의 과정과 연결시키고 있다. 파괴는 자연의 세계에서 새로운 생명을 출산하는 영원한 과정의 일부이며, 또한 자유로운 인간은 파괴된 폐허에서 다시 생성된다고 믿는 것이다. 파괴되고 새로이 탄생하는 자연의 과정은 고드윈의 제자인 영국의 아나키스트 시인 셸리Shelley에 의해 자주 표현되고 있다.(Woodcock, 1962: 12)

넷째는 아나키스트들이 다소나마 지닐 수 있는 직관적 신비주의적 성향과 밀접한 관계가 있다. 직관적 신비주의는 자연주의

적 성향이 극단화될 때 종종 나타나며, 낭만적 절대주의로 나타
나기도 한다.(지더벨트, 1987: 116) 직관적 신비주의는 절대적이
고 최종적인 것을 갈망한다. 이러한 직관적 신비주의는 제도적
합리성을 거부하며, 감정적인 충격이 실재를 대신하고 환상적
비전이 의미를 대신하고 어떠한 사회적 개입이나 책임감 없이
자유롭게 떠돈다. 이러한 경향은 현실 속에서 폭력의 충동을 야
기시킬 소지가 많다 하겠다. 그러나 직관적 신비주의 경향은 아
나키즘의 고유한 특성은 아니며 다만 아나키스트들에게서 나타
날 개연성이 상대적으로 높다는 것이다.

이러한 직관적 신비주의는 많은 예술인을 아나키즘의 등불 아
래 모이게 했다. 아나키즘에 대한 작가나 화가의 관심은 소박한
이념 자체에 대한 호기심과 더불어 아나키스트들의 대담한 탐구
정신과 연결된다. 1894년에 말라르메Mallarmé는 30인 재판Trial of
the Thirty의 아나키스트들을 변호하기 위한 증언에서 이들을 '훌
륭한 정신, 새로운 모든 것에 대한 염증 없는 호기심'을 가진 자
들로 묘사하였다.(Woodcock, 1962: 286) 예술가나 지식인을 감동
시킨 것은 정신의 독립, 행동의 자유에 대한 아나키스트들의 노
력과 그것을 위한 경험이었다. 그러나 이것은 아이러니컬하게도
테러와 매우 깊은 관련이 있으며, 매우 유의할 점으로 보인다. 아
나키스트들이 1892년부터 1893년에 걸쳐 일련의 소란스러운 습
격과 암살을 실행하였을 때 자유의지를 강조하는 지식인들은 아
나키즘을 버리기는커녕 이들의 고립된 저항운동 가운데서 위대

5장 아나키즘의 실천 방법과 딜레마는 무엇인가 137

한 개성의 발로를 보았다. 이 지식인들은 또한 다양한 경험에 대한 그들의 세기말적 갈망과 동시에 암살자의 생애에서 공포스럽지만 흥미를 끄는 선정주의Sensationalism를 보았으며, 이와 아울러 테러리스트의 태도를 형성한 이상한 신비주의Mysticism적 요소에 매력을 느꼈다. 폴 아당Paul Adam이 가장 놀라운 암살자 라바숄Ravachol을 숙명적인 희생의 개혁자Renovateur du Sacrifice Essential라고 말하였을 때에 이미 그들은 그들 자신이 신비주의적 요소를 내포하고 있다는 점을 인식하고 있었다.(Woodcock, 1962: 287)

데이비드 밀러David Miller는 테러가 아나키즘의 고유한 특성은 아니라고 주장하면서 폭력과 테러를 구분하고 있다. 그는 폭력을 정치적 의도나 공포 분위기를 조장하는 의도적인 행동이 아니라 개인이나 재산에 손해를 입히는 물리적인 힘으로 규정하는 반면에, 테러는 물리적인 힘을 사용하여 정치적 변화 등을 꾀하고 의도적으로 공포 분위기를 조장하기 위해 자행하는 행동이라고 규정한다. 그는 나아가 아나키스트는 혁명 전략의 일환으로 폭력적인 행동을 하나 이것은 정치적 테러리즘이라기보다는 폭력적 방법이 한 단계 더 심화된 것이라고 보고 있다.(Miller, 1984: 121~123) 그러나 테러리즘이 아나키스트들의 혁명 전략은 아니라고 하더라도 실제 상황에서 폭력과 테러리즘을 구분하는 것은 매우 어렵다 하겠다.

여하튼 현대 아나키스트들은 그들의 선조에 비해 많은 면에서 다른 양상을 보이고 있다. 이것은 사회적 배경과 토양이 다른 데서 나타나는 자연스러운 현상이라고 볼 수 있을 것이다. 현대 아나키스트들은 직접행동을 계속 선호하면서도 직접행동의 표현 방법을 달리하고 있다. 인터넷을 통해 수평적 관계를 견지하면서 자발적이고 평화적인 행동 표현을 하고 있으며, 견고한 조직의 일원으로서가 아니라 개개인으로서, 직접행동의 물방울이 큰 강줄기를 이루도록 비폭력적인 다양한 방법으로 노력하고 있다. 그 강줄기는 다양한 축제의 형태로 나타난다. 약간의 허무주의와 제멋대로인 도스토예프스키적 파괴의 충동에서 벗어나 즐거운 축제의 형태로 그들의 저항과 이상을 표출하고 있는 것이다.

여기서 유의할 점은 비폭력 직접행동의 맥류도 한쪽에서는 도도히 흐르고 있다는 점이다. 소로우는 『시민적 불복종』에서 비폭력 직접행동의 전례를 보여주었고, 이것은 많은 영향을 미쳤다. 비폭력 직접행동은 간디의 '소금의 대행진'에서부터 마틴 루터 킹 목사의 SCLC(남부기독교지도회의)에 이르기까지 많은 현대 아나키스트에게 교훈을 주고 있다.

5장 아나키즘의 실천 방법과 딜레마는 무엇인가 139

제2막 아나키즘, 이렇게 나에게 파고 있다

1장 아나키즘은 지금 어떻게 재생되고 있는가

시작하며 : 아나키즘의 부활

자본주의에 대해서는 평등의 이름으로, 공산주의에 대해서는 자유의 이름으로 공격하면서 한껏 자유인의 나래를 펼쳤던 아나키즘은 1930년대 이후 거의 논의되지 않아서 사라져버린 이데올로기처럼 보였다. 그러나 1960년대부터 아나키즘 사상은 신선한 저항 이념과 운동으로 관심과 흥미의 대상이 되어 다시 거론되기 시작하였고 1980년대부터는 미래 사회에 대한 전망과 함께 아나키즘의 이론이 재조명되기 시작하였다. 특히 동구권 공산국가와 소련의 와해에 따른 이념적인 대결 구조가 붕괴되면서 아나키즘의 가능성에 대한 논의가 활발하게 전개되고 있다. 또한 종래의 국가 기능에 대한 논쟁과 국경 개념의 변화 등 소위 세계화적 논의는 직접적이든 간접적이든 간에 아나키즘적 영감과 연결되어 있다.

이러한 아나키즘의 부활 현상은 현실 문제를 진단하고 처방하는 사상이나 운동으로서만 나타나는 것이 아니라 새로운 사유 패러다임의 틀로도 나타나고 있다. 대표적인 것이 포스트모더니즘이다. 소위 해체주의적 경향을 띠는 학자들이 아나키란 용어를 사용하고 있지는 않지만 그들을 평가하는 수사로서 아나키는 많이 사용되고 있다. 해체주의의 근대적 원류로서 흔히 지칭되는 니체가 개인주의적 아나키스트인 막스 슈티르너를 불우하기는 했으나 생산적인 인물로 평가한 것은 자연스러운 것으로 보인다.

한국에서도 아나키즘에 대한 관심이 높아져가고 있다. 환경운동, 지역공동체운동, 협동조합적 상호부조운동 등이 아나키즘적 사유의 틀과 연계되어 논의가 활발하게 전개되고 있다. 그리고 인간 삶의 질과 세계화에 따른 세계 시민적 자질 문제와 관련하여 아나키즘이 논의의 대상이 되기도 한다. 또한 아나키즘과 한국 전통 사상에 나타난 각종 상생相生 사상을 관련시킴으로써 아나키즘을 토착화하려는 시도도 나타나고 있다.

오늘날 이러한 아나키즘에 대한 관심은 정치 이데올로기로서의 아나키즘에 대한 관심이라기보다는, 아나키즘적 사유의 틀과 삶의 양식에 대한 관심이라고 할 수 있다. 19세기의 실패한 이데올로기라고 평가받던 아나키즘이 재생되는 것은 오늘날의 지구촌의 현상과 인간 삶의 문제를 진단하고 처방하는 데 있어 아나키즘이 많은 시사점과 상상력을 제공해주기 때문일 것이다.

자주공동체운동

현대의 아나키스트들이 많은 관심을 두고 전개하고 있는 운동이 바로 자주(자유)공동체운동이다. 자주공동체운동은 수평적 조직을 바탕으로 하는 소규모적이고 자치적인 성격을 띠고 있다. 스페인에서는 소규모 협동조합 공동체 형태로, 호주에서는 생태주의적 공동체 형태로, 일본에서는 생활 협동 공동체 형태로 다양하게 전개되고 있으며, 한국에서도 이러한 운동이 시도되고 있다.

아나키즘 정의관의 밑바탕에는 공동체라는 주제가 깊게 깔려 있다. 고전 아나키스트들의 공동체에 대한 관심은 당시의 사상사적 맥락과 깊은 관계가 있다. 19세기에 이르러 이성에 바탕을 둔 계약 사상이 쇠퇴하고 공동체 사상이 등장하게 된다. 앞에서도 말했지만 공동체는 인격적 친밀과 정서, 도덕적 헌신, 사회적 응집, 시간적 연속성을 특징으로 하는 모든 형태의 사회관계를 포괄하는 용어라고 할 수 있다. 이러한 공동체를 지향하는 태도는 개인이나 집단의 가치 지향과 이데올로기에 따라 다양하게 나타난다.

아나키스트의 공동체적 삶의 지향은 항상 개인의 자유성과 자주성의 문제와 깊이 연결되어 있다. 여기서 자주관리라는 문제가 주요 주제로 등장하게 된다. 자주관리와 자주적 소집단의 중요성을 강조하는 아나키스트들의 주장은 오늘날 매우 예언적인 성격을 띤 것으로 평가받고 있다.

네이스비트는 『대조류』에서 지방분권 사회, 자조 사회, 수평적인 네트워크 등을 큰 조류로서 거론하고 있다. 드러커도 『새로운 현실』에서 비슷한 문제의식을 보이고 있다. 이런 문제들은 조직 속에서 휴머니티와 인간의 탄력성을 어떻게 유지할 것이냐 하는 과제와 직결되는 것으로, 오늘날 여러 종류의 조직이론에서 활발히 논의되고 있다. 현대의 조직 이론은 개인의 자치성과 공동체성을 어떻게 확보할 것인지에 대한 아나키스트의 탐구에서 깊은 영감을 얻고 있다고 하겠다.

아나키스트들이 자주공동체를 지향하는 태도는 매우 목가적이고 낭만적인 경향을 띠기도 한다. 사실 자주공동사회가 구체적으로 어떤 사회냐 하는 문제와 어떤 방법으로 이룩될 수 있느냐 하는 문제는 다양하고 모순되기까지 하다. 공동체에 대한 보수주의적 입장과 급진주의적 입장이 서로 얽혀서 다양하게 표현되기 때문이다.

오늘날 아나키즘의 자치공동체운동이 성공적으로 실천된 곳으로 스페인 바스크 지방의 몬드라곤 협동조합 공동체가 세계적인 관심을 끌고 있다. 스페인의 바스크 지방은 아나키즘 자치운동의 전통을 가지고 있는 곳이다. 몬드라곤 협동조합 공동체는 자본주의가 안고 있는 부정의의 문제와 사회주의의 비효율을 극복하여 정의와 효율을 통합시킨 실천 사례로서, 인류미래의 실험장으로서 전 세계의 주목을 받고 있다. 몬드라곤 협동조합은 흔히 조합이라는 단어가 연상시키는 그런 왜소한 집단이 아니다. 협동조합의 노동인민금고는 스페인 은행 중 제7의 자산 규모를 지니고 있으며, 소비자 협동조합은 스페인 유통 업체 중 6위의 규모이다. 협동조합 기업체의 하나인 울고 협동조합의 가전제품은 스페인 가전제품의 약 4분의 1을 점유하고 있다. 자치공동체를 통해 인간적이면서 효율적인 경제체제의 실험이 성공하고 있는 것이다. 그동안 아나키즘이 너무 이상적인 것으로 비판받은 것은 바로 자치, 자주공동체의 열망이었다. 그러나 그 이상이 몬드라곤 협동조합 공동체에서 현실화되었고, 이것은 미래 사회의 바람직한 사회체제가 무엇인가에 대해 많은 영감과 시사점을 주고 있다고 하겠다. 한편 몬드라곤 협동조합 공동체보다 역사가 오래되면서 지금까지 성공적으로 유지된 자치공동체로는 이스라엘의 '키부츠'가 있다.

우리의 전통 사회에는 공동체적 생활양식과 각종 상생 사상이 있다. 이것을 오늘날 자치, 자주공동체운동으로 어떻게 재생시킬 것인가 하는 데에 관심이 모아지기도 한다. 김지하의 생명운동과 자치운동도 이와 맥락을 같이한다고 볼 수 있겠다.

참여 민주의의와 신사회운동
현대 아나키스트들은 그들의 이상을 실현시키기 위한 방법으로 각종 시민운동에 적극 참여하고 있다. 특히 계급적 틀에 의해 전개되어온 종래의 사회운동이 그 한계를 드러내고 신사회운동의 개념이 등장하면서 아나키즘과 신사회운동의 이론적 연결이 자연스러워졌다. 또한 신사회운동의 여러 영역에 아나키즘이 다양한 수식어를 붙이고 등장하고 있는데, 에코 아나키즘Eco-Anarchism, 아나르코 페미니즘Anarcho-Feminism, 평화주의적 아나키즘Anarcho-Pacifism 등이 대표적인 것들이다.

이러한 현상은 고전 아나키스트의 이론에서 이미 잉태되고 있었다. 앞에서도 말했지만 아나키스트들은 권위주의적 사회주의에 대한 비난만큼이나 부르주아 민주주의 기만을 비난하고 있다. 아나키스트는 투표용지에 의한 해방을 믿지 않는다. 또한 아나키즘은 인민의 주권보다 개인의 주권을 옹호한다. 이것은 자연히 대의제 민주주의의 형식과 견해의 많은 부분을 거부한다는 것을 의미한다. 의회 제도는 개인이 그의 주권을 대표자에게 넘겨줌으로써 주권을 버리는 것을 의미하기 때문에 거부된다.

현대 아나키스트들이 소위 신사회운동이라 불리는 사회운동과 밀접한 인연을 맺고 있는 것은 아나키즘의 혁명 주체론과 깊은 관계가 있다. 아나키즘에 있어 혁명 주체는 '대중' 또는 '민중'이라는 명칭하에 매우 포괄적으로 지칭되고 있다.

아나키스트들은 맑스와 달리 비노동자들의 혁명 능력을 결코 부인하지 않았다. 맑스의 계급론은 유물사관에 바탕을 둔 사회 분석의 과정과 결과에서 나온 것이지만, 아나키스트들의 계급관은 매우 본능적인 것이라 하겠다. 이러한 태도는 어떤 법칙을 만들어 과학적 예언이니 하는 것에 대한 아나키스트들의 경멸과도 관련된다.

아나키스트들의 대의제 민주주의에 대한 태도와 혁명 주체의 문제는 아나키즘이 어느 정도는 민중주의와 유사한 성격을 공유할 수 있는 요소로 지적될 수도 있겠다. 또한 아나키즘과 신좌파 운동의 관련성에 대한 논의도 같은 맥락에서 이야기될 수 있겠다. 왜냐하면 신좌파 철학에 있어 중요한 요소는 "국민들로 하여금 스스로 결정하게 하라"와 같은 구호에 나타나듯이 참여적이고 직접적인 민주주의에 대한 지속적인 강조에 있기 때문이다. 아나키스트들의 대의제 민주주의의에 대한 혐오감과 직접민주주의에 대한 열망은 그 실현 가능성에 대한 의문 때문에 황당한 의견으로 비쳐지고 있다.

그러나 앞에서도 말했지만 대의제 민주주의에 대한 아나키스트들의 태도가 항상 일관된 것은 아니다. 프루동은 1848년 6월 자신이 제헌의회 의원으로 선출된 것을 묵인했으며, 그후에도 여러 번 선거와 관련하여 애매한 태도를 취했다. 이러한 비일관성은 특히 스페인에서의 아나키스트들이 취한 행동에서 잘 나타나고 있다. 그들은 대의제 민주주의를 공격함에도 불구하고 대의제 민주주의가 지니고 있는 상대적 진보를 인정하고 있다. 그래서 바쿠닌은 "가장 불완전한 공화국일지라도 가장 개발된 군주제보다 천배나 나을 것이다"라고 말하고 있는 것이다.

현대 아나키스트들은 대의제를 부정하지 않고 있다. 오히려 대의제를 통해 아나키즘의 이상을 실현하려는 노력을 기울이기도 한다. 그 대표적인 예가 독일의 녹색당과 미국의 리버테리언 정당이다. 그러나 그들의 변화된 태도는 대의제 민주주의를 대신할 구체적 대안을 찾지 못한 데서 나온 것으로 볼 수 있다. 이에 현대 아나키스트들이 참여 민주주의운동이나 신사회운동에 뛰어든 것은 지극히 당연하다고 하겠다. 여하튼 아나키즘의 대의제 민주주의에 대한 불신은 오늘날 현대 민주주의에 나타난 부정적인 제 증후군과 관련시켜볼 때 쉽게 간과해버리기는 어려운 예언력을 지니고 있다. 일찍이 아나키스트들이 맑스주의는 전체주의로 갈 수밖에 없다고 한 예언이 현실로 되었듯이 직접 민주주의의 실현이 어떤 형태로 실현될지 궁금하다.

  아나키즘의 참여 민주주의와 관련시켜 논의해볼 수 있는 것이 시민사회론이다. 시민사회는 국가의 직접적인 통제 바깥에서 개인과 집단 간에 사적 또는 자발적 협정에 의해 조직되는 사회생활의 영역으로 정의할 수 있다. 그리고 시민사회는 문화적 유대에 따라 조직되는 커뮤니티와 경제적 교환에 따라 조직되는 시장으로 나눌 수 있을 것이다. 이러한 시민사회와 국가의 관계가 만들어지는 유형에 따라 다양한 사회질서의 조직 유형이 나타난다. 지금까지의 실험에서 완전한 시장과 완전한 국가는 존재하지 않았다. 선택은 항상 불완전한 시장과 불완전한 국가 또는 양자의 불완전한 결합으로 나타났다. 여기에 시장과 국가 외에 다른 대안적인 사회질서는 없는가 하는 논의가 제기된다. 이러한 대안으로 결사체 모델이 제기된다. 결사체 모델에 기초한 신조합주의Neo-coporatism 및 협의주의Consociationalism는 아나키즘의 참여 민주주의 과제와 관련시켜 많은 논의가 진행되고 있다.

아나키즘의 사회운동에서 간과할 수 없는 것이 아나키즘이 지니고 있는 저항의 기질이다. 아나키즘의 인식 체계에는 본능적인 저항감이 짙게 깔려 있다. 고전 아나키스트들은 한결같이 반항자로 규정되고 있다. 슈티르너, 프루동, 바쿠닌 등이 그러하다. 소로우는 아나키스트의 저항감을 더욱 구체화시킨다. 아나키스트들의 저항 의식은 아나키 상태가 초래할 혼란에 대한 두려움으로 인해 많은 비난을 받아왔다. 사실 아나키즘이 니힐리즘, 테러리즘의 한 양상으로 보이는 것은 불가능한 것처럼 보이는 것에 대한 저항과 도전에 기인한다. 이러한 아나키스트의 저항 의식이 현대의 사회운동에 어떤 형태로 나타날지 궁금하다. 여기서 관심을 끄는 것은 현대 아나키스트들이 사회운동보다는 예술 분야에서 그들의 저항을 한껏 즐기고 있다는 점이다.

오늘날 세계가 정보화 시대로 접어들면서 대의제 민주주의의 문제와 관련하여 전자 민주주의란 용어가 등장하고 있다. 구미의 젊은 아나키스트들이 인터넷을 통해 국경과 민족을 초월한 세계 공동체운동을 전개하고 있고 참여적인 정치 활동을 하고 있다. 미래 정보화 사회는 아나키즘의 예언을 과연 어떤 형태로 현실화시킬지 매우 궁금하다.

생태주의 구현과 환경운동

근대가 생성시킨 이념 중 아나키즘이 제일 환경 친화적 성격을 지녔다고 단언할 수 있겠다. 현대 아나키스트들이 환경문제에 깊은 관심을 가지고 매우 적극적인 활동을 하면서 에코 아나키즘이란 명칭으로 한 유형을 이룬 것은 지극히 자연스러워 보인다. 아나키즘의 환경 친화적 성격은 아나키즘의 사회 인식 체계의 근원인 자연론적 정의관에서 연유된 것으로 볼 수 있다. 아나키스트들은 이러한 자연론적 정의관을 바탕으로 하여 인간이 자유와 사회적 조화 속에서 살 수 있기 위한 모든 성질을 타고나면서부터 갖고 있다는 주장을 인정한다. 그들은 인간이 천성적으로 선하다고 믿으며, 혹 믿지 않는다 하더라도 인간을 자발적으로 상호 협조하면서 성취해가는 존재로 본다.

자연 개념은 아나키스트들의 거의 모든 저작에서 핵심적인 위치를 차지하고 있다. 이러한 자연 개념은 아나키즘의 교의, 즉 권위의 거부, 강제적 통치 기구에 대한 혐오, 상호부조, 소박성, 조직의 분산화, 정치에의 직접 참여 등의 원천이다. 현대의 생태 환경론자들에게 제일 많은 영감을 준 고전 아나키스트는 크로포트킨이라 할 수 있다. 크로포트킨은 1899년의 그의 저서『전원 · 공장 · 작업장Fields, Factories and Workshops』에서 생태론적 공동체의 모델을 제시하고 있다. 아나키즘의 자연 친화력은 우리에게『월든Walden』이란 소설로 잘 알려진 아나키스트 헨리 소로우에게서도 극적으로 나타난다.

많은 현대 환경론자들의 사유의 틀은 그들이 스스로 인식하든 그렇지 않든 간에 아나키즘적 사유의 틀과 유사하다. 칼렌바흐E.

Callenbach나 슈마허E. Schmacher가 제시한 에코토피아Ecotopia의 그림들도 아나키즘이 제시한 공동체의 모습과 유사하다. 특히 "작은 것이 아름답다Small is beautiful"고 주장한 슈마허가 『인간 회복의 길A Guide for the Perplexed』이라는 책에서 통일Unit과 획일 Uniformity을 서로 반대축으로 설정하여, 통일은 천당으로 가는 길이고 획일은 지옥으로 가는 길이라고 표현하면서 제시하는 사회상은 아나키즘의 자연 친화적 공동체상과 궤도를 같이하고 있는 것으로 보인다.

마치며: 끊임없이 진보하는 아나키즘 사회

아나키즘은 언뜻 공격받기 쉬운 위치에 놓여 있는 무방비의 사상으로 보일 수도 있을 것이다. 아나키스트들의 자연론적 사회관은 그들 이념의 도덕성을 지켜주는 규범적인 명제로서는 큰 의미가 있으나, 이것을 경험적, 실천적 명제로 전환시키고자 할 때 다양한 논쟁과 혼란을 야기시킬 수 있는 가능성이 있다. 또한 자주적 개인과 공동체를 결합시키는 아나키즘의 사상은 그것이 실천 프로그램으로 나타날 때 분열할 수 있는 요인들을 가지고 있다. 아나키즘의 이데올로기적 스펙트럼이 다양하게 분포되어 있는 것도 이와 같은 원인에서 찾을 수 있을 것이다.

아나키즘이 제기하는 문제는 매우 근원적이고 반정치적이다. 아나키즘이 제시하는 지향 가치는 언뜻 유토피아적으로 보이기도 하고 현실성이 결여된 것으로 보이기도 한다. 또한 아나키즘은 교조적 이념과 교조적 실천 방안을 경멸하며 조직을 경시한다. 이러한 특징들로 인해 아나키즘은 실패할 수밖에 없는 정치 사상으로 평가된다. 그러나 정치적 태도로서의 아나키즘의 영속성은 실패의 대가로 얻어진다고 할 수 있겠다. 즉 아나키즘의 생명력은 그 실패를 통해 지속된다는 것이다.

아나키즘에서 유의할 점은 그 기질상의 특징이다. 한 이데올로기의 특성을 규정짓는 데는 그것이 내세우는 교의와 더불어 그것 자체가 지니는 기질이 중요한 요소로 거론된다. 아나키즘의 근원에 깔려 있는 것은 분노와 저항이다. 앱터(Apter, 1971: 1)는 아나키즘을 '분노를 자극하는 피뢰침'으로 표현하고 있다. 아나키즘이 반감을 사는 것도, 동시에 많은 관심이 되는 것도 이 분노와 저항의 기질과 깊은 관련이 있다. 이 분노와 저항의 기질은 계기적, 동태적 맥락에 따라 다양하게 나타나고 있다.

오늘날 아나키즘의 재등장은 아나키즘의 예언력에 기인하고 있다. 19세기의 고전 아나키스트들은 그 시대 상황과 비교해볼 때 너무 앞서 나간 것인지도 모른다. 오늘의 아나키즘은 유토피아로서 등장하는 것이 아니라 아주 구체적인 현실 대안으로 등장하고 있기 때문이다. 21세기를 맞이하여 아나키즘적 사유의 틀은 여러 영역으로 확산되어가고 있다. 아나키즘이란 용어를 빌리든 빌리지 않든, 아나키즘의 존재 여부를 인식하든 인식하지 않든 간에 아나키즘적 사유의 틀은 정치, 경제, 사회, 문화 등 제 영역에 영향을 미치고 있다. 21세기를 전망하는 여러 이론은 아나키즘과 그 사유의 틀이 매우 유사하다. 이러한 이론을 두고 현대 아나키스트들은 아나키즘의 재등장이라고 평가하고 있고, 사상적 선배의 족적을 모르는 사람들은 새로운 사조로서 받아들이고 있다.

오늘날 정치 이념으로서의 아나키즘은 해체되었는지도 모른다. 왜냐하면 자본주의에서부터 사회주의에 이르기까지 많은 영역에서 아나키즘적 사유의 틀을 차용해갔기 때문이다. 오늘날의 아나키즘은 정치 이념보다는 생활양식과 사회운동 차원에서 더욱 의미가 있다 하겠다.

사실 아나키즘의 본질은 유토피아니즘과 동일할 수 없다. 유토피아니즘이 추구하는 공동 선은 완전사회를 지향하기 위한 폐쇄적 신념 체계를 구축하며, 역사주의적 기조 위에 바탕을 둔 전체주의적 성향이 강한 반면, 아나키즘은 어떤 이상 사회를 지향하면서 끊임없이 문제를 제기하는 사상이기 때문이다. 따라서 아나키즘은 이론적으로 어떤 확신을 주기보다는 그 이론이 충분히 인정을 받으면 받을수록 하나의 채찍으로서 또는 선동자로서 그 힘을 발휘할 것이다. 아나키즘이 끊임없는 사회 변화 속에서 성장하고 붕괴하고 그리고 잠복되어 새로운 모습으로 재등장하는 것은 이에 기인한다고 하겠다.

아나키즘 사회는 항상 성장하는 욕구에 따라 끊임없이 진보하고 재조정되는 사회라 하겠다. 따라서 현대 아나키스트들은 고전 아나키스트들의 교의를 그대로 답습하지 않는다. 기본적인 사유의 틀은 받아들이되 구체적인 현실 인식에는 창조적이다. 그들은 국가, 대의제, 조직, 법률, 분업 등의 문제에 있어 고전 아나키스트들에 비해 유연한 입장을 취하고 있다. 고전 아나키즘의 예언이 확인되고 있는 오늘날에 현대 아나키즘이 어떤 역할과 기능을 할 것인지에 관심이 간다. 또한 아나키즘의 저항 기질이 어떤 형태로 나타날지 궁금하다.

2장 아나키즘은 교육에 어떠한 영향을 미치고 있는가

시작하며 : 상상력으로 가득 찬 교육

많은 아나키스트는 아나키즘 사상을 교육과 혁명적인 관계를 가진 사상이라고 본다. 다른 사상이나 운동과 비교해볼 때 아나키즘은 그 저술과 실천에서 교육의 원리, 개념, 실험, 적용을 중요하게 생각했다는 점에서 매우 독보적이라는 평가를 받고 있다.

많은 고전 아나키스트와 현대 아나키스트는 다양한 형식으로 교육 문제를 거론해왔다. 나는 여러 문헌에서 다양한 형식으로 표현된 아나키즘 교육관을 체계적으로 정리하고 그 특징을 찾아보고자 한다. 또한 이를 바탕으로 아나키즘 교육론의 내용과 그 쟁점을 살펴보고 아나키즘 교육론이 가지고 있는 정치교육적 함의를 몇 가지 측면에서 찾아보고자 한다.

아나키즘 교육론이 기존의 교육 이념과 제도에 태클을 거는 양상은 우리로 하여금 우리의 교육 현실을 진단하고 반성하게 하는 자극제가 되고 있다. 아나키즘 교육론은 대항 이론으로서 주류 교육 이론에 환상이 가득한 풍부한 상상력을 공급해주는 신선한 산소와 같은 역할을 하고 있는 것이다.

아나키즘 교육론의 내용

국가주의 교육에 대한 의구심: 공교육에 대한 불신

아나키즘 교육론의 제일 큰 핵심은 국가주의 교육에 대한 의구심과 공교육에 대한 불신이다. 사실 통치 기구와 국가에 대한 아나키스트의 공포와 위구심은 그들의 문헌 속에서 빠짐없이 골고루 발견된다. 아나키즘은 전체사회를 강제적인 권위로써 지배하는 집단은 없어야 한다는 정치철학을 주장하고 있다. 이러한 사상은 아나키즘 사상의 원천이라고 할 수 있는 자연론적 사회관에서 도출되고 있다.

이러한 아나키스트의 통치 기구와 국가에 대한 의구심 및 불신은 교육 문제와 연결되면서 자연스럽게 국가주의 교육과 공교육에 대한 반대로 이어진다. 국가주의적 교육과 공교육에 대한 비판은 18세기의 고드윈 이래 20세기의 굿맨Paul Goodman, 일리히Ivan Illich, 프레이리Paulo Freire 등에 이르는 아나키즘 사상가들에 의해 면면히 이어져왔다.

공교육 실시 초창기에 고드윈은 『정치적 정의에 관한 고찰』에서 공교육의 국가화에 대한 전면적인 비판을 최초로 시도했다. 공교육을 찬성하는 루소와는 반대 입장이었다. 고드윈은 국가에 의한 여론 조작의 기초를 국가 숭배를 전제로 하는 국가교육 제도에서 찾고, 그것은 저지되어야 한다고 주장한다. 또한 소규모의 토론 집단과 같은 작은 규모의 학교가 바람직하다고 보며, 개인 교육의 우월성을 주장한다. 프루동의 교육 사상도 맥락을 같이한다. 그는 개개인의 차이를 매우 중시한다. 프루동은 이질자의 존재를 중시하고 개인과 집단의 다양성을 추구하며, 사회에 내재하는 교육력, 즉 사람들의 자발적인 상호 작용을 존중한다는 점에서 교육에 대한 정치의 개입을 부정한다.

아나키즘의 교육을 몸소 실천한 사람이 바로 톨스토이이다. 그는 일찍부터 교육의 필요성을 통감하여, 일생에 걸쳐 몇 번이나 농민 학교를 운영하였다. 본격적인 농민 학교는 1859년, 그의 나이 31세 때 개설되어 3년간 계속되었다. 학교는 무료였고, 시간표도 교과서도 없었다. 입학과 퇴학도 자유로웠고, 교과과정도 무시되었다. 오직 아이들의 재능을 발견하고 육성하는 것이 목표였다. 그는 당시의 학교에서 시행되는 강제적인 교육 방법을 통렬히 비난했다. 그의 교육 사상은 "모든 아이들을 의자로부터 해방시키는 것"으로서 이것은 '무의식의 학교' 또는 '자연의 학교'라고 불렸다.

이러한 아나키즘적 교육 사상은 간디, 부버, 리드 등에 의해 계속 주창되어왔다. 국가주의적 공교육에 대한 불신은 '탈학교 사회' 이론으로 연결된다. 20세기에 들어서는 굿맨, 일리히, 라이머E. Reimer 등이 탈학교 사회를 주장하고 있다. 이들은 모든 교육이 학교에서 이루어진다는 전제하에, 학교교육은 학생들을 학년별로 짜여진 교육과정의 틀 안에서 가르칠 목적으로 강제적인 감호 통제를 행사하는 제도적 구조라고 본다. 또한 학교는 인간을 억압하고 소외시키며 비인간화하는 곳으로서, 기존 사회의 유지라는 목적을 위해서 존재할 뿐이라는 것이다. 그럼에도 불구하고 학교는 현대의 종교처럼 기능하는 것이다.

아나키즘 교육론의 현대적인 형태와 이론은 굿맨에 의해 완성되고 일리히를 통해 더욱 정교하게 전개되었다고 할 수 있다. 굿맨은 『강제적 비교육과 학자 공동체Compulsory Mis-education, and the Community of Scholars』에서 획일적이고 중앙집권적이며, 자발성보다는 동조를 강조하는, 세뇌 기능이 강조되는 현재의 학교교육을 비판하고 있다. 굿맨은 나아가 학교교육의 문제점을 극복하기 위해 커뮤니케이션의 대화적 측면을 강조하고 있다.

일리히는 현대의 관리사회와 문명을 '가치의 제도화'라는 분석 개념을 사용하여 비판하고 있다. 가치의 제도화란 어떤 가치와 그 가치의 실현에 봉사한다고 주장되는 제도 활동을 동일시하는 것을 말한다. 이러한 가치의 제도화는 학교의 비대화를 초래하였다. 가치의 제도화에 의해 학교는 모든 사회를 두 영역으로 구분한다. 곧 특정 시간대, 특정 방법, 특정 조치와 배려, 그리고 특정 전문 작업은 학술적이거나 교육적이라고 간주되고, 다른 것은 그렇지 않은 것으로 구별된다는 것이다. 이러한 제도적 배려에 의존하는 정도가 높으면 높을수록 인간은 자신의 잠재적인 능력과 혼자서 무엇인가 할 수 있는 능력을 점점 잃게 된다. 즉 가치의 제도화에 대한 비율이 높아질수록 인간의 자유와 자주성은 약화되고, 이 기능을 현대의 학교가 대신하게 된다. 이러한 학교에 의존하는 상황을 타파하기 위해서는 인간과 환경 사이에 새로운 양식의 교육적 환경을 만들어낼 필요가 있고, 그러기 위해서는 성장에 대한 인식, 학습에 유효한 도구, 그리고 일상생활의 질과 구조가 동시에 변혁되어야 한다고 일리히는 주장한다.

프레이리의 교육 사상도 같은 궤도를 그리고 있다. 그는 『피압박자의 교육학』에서 교육자는 강요할 수 있는 권리를 갖지 못하며, 강요는 명령, 명령은 조종, 조종은 결국 아동의 물질화, 비인간화를 의미한다고 비판한다. 이어서 그는 제3세계에서 억압되고 착취당하는 민중의 해방을 추구하면서 민중 자신이 스스로 주체화하는 교육 방법을 제시하고 있다. 그것이 '문제 제기 교육Problem Posing Education'이다. 문제 제기 교육은 문제의식을 매개로 하여 교육자와 피교육자와 협동하여 현실 세계를 함께 인식해가는 교육을 말한다. 그것은 일방적인 주입을 거부하고 교류를 만들기 위한 것으로서 대화를 통하여 학생인 동시에 교사인 학생과 교사인 동시에 학생인 교사를 등장시킨다. 그리고 그들은 모두가 성장하고 있는 과정에서 공동으로 책임을 지게 된다. 따라서 '침투Extention'가 아니라 '대화Communication'가 중요하다.

학교교육의 문제점에 대한 비판은 라이머, 홀트John Holt, 실버맨Charles Silberman 등에 의해 계속된다. 아나키스트의 공교육에 대한 불신과 학교교육에 대한 비판은 자유교육학교의 이념적 초석이 된다. 아나키스트적 교육관을 지닌 사람은 결코 교육을 무시하거나, 학교 자체를 거부하는 것은 아니었다. 다만 학교교육이 지니고 있는 문제점을 가차 없이 비판할 뿐이었다. 이러한 아나키즘의 교육관은 자연론적 사회관과 자주적 개인을 강조하는 아나키즘의 특징에 권위에 대한 저항이 접목되어 나타난 현상이라 하겠다.

자유교육학교에의 지향

아나키스트의 공교육에 대한 의구심과 불신은 자유교육학교에의 지향을 낳았다. 그러나 자유학교의 지향은 아나키스트의 전유물은 결코 아니다. 자유학교의 뿌리는 열거하기 힘들 정도로 다양하고 깊다고 하겠다. 자유교육은 멋대로 방치하는 방종교육이 절대 아니다. 그것은 또한 현재의 학교교육에 자유의 요소를 단순히 가미하는 것을 의미하지도 않는다. 나아가 그것은 미국식 자유주의 교육 사상을 뜻하는 것은 더욱 아니다.

자유학교라는 말은 조금씩은 다르게 쓰이는 여러 가지 말을 하나로 묶은 것이다. 즉 'Free School', 'Open School', 'Alternative

School', 'Community School', 'Pioneer School', 아동중심주의 학교, 반권위주의 학교, 실험학교, 전원학교, 벽이 없는 학교, 탈학교 등 나라나 시대에 따라, 또는 학자나 교육자에 따라 달리 사용되는 말을 모두 포함한다. 그것들의 공통 이념은 자유를 추구하는 교육이다.

자유학교의 기본 정신은 자발성, 자주성, 주체성의 원리에 있다. 현대 교육 이론에서 아동의 자발성, 자주성, 주체성이 강조되지 않은 이론은 없을 것이다. 그러나 아나키스트가 지향하는 자유교육은 이론적인 측면에서 패러다임이 다르며 실천적인 면에서도 그 심도가 다르다.

바쿠닌은 교사라는 직업과 성직자라는 특권계급을 비교하고 이렇게 말했다. "상황도 비슷하고, 명분도 비슷하고, 영향력도 비슷하다. 따라서 국가가 거룩한 영감과 자격을 하사하는 근대학교의 교사도 마찬가지일 것이다. 필연적으로 교사는 국가권력과 특권계급의 이익을 위해서 대중이 희생해야 한다는 교리를 가르친다." 그리고 그는 반문한다. 그렇다면 우리는 사회에서 모든 교육을 폐지하고 모든 학교를 폐쇄해야 하는가? 그는 결코 그렇지 않다고 대답한다. 그가 요구하는 학교는 권위의 원리를 없애버린 학교이다. "학교는 더 이상 학교가 아니라 일종의 대중 학원이 될 것이다. 학생도 없고 교사도 없으며 사람들은 자유롭게 찾아와서 필요한 수업을 받을 것이다. 수업은 무료일 것이다. 전문적 자질이 뛰어난 사람들이 교사들을 가르칠 것이고, 교

2장 아나키즘은 교육에 어떠한 영향을 미치고 있는가 163

사들은 그들에게 부족한 지식을 가르칠 것이다."

이렇게 완전히 다른 학교 개념은 일찍이 1797년에 고드윈이 고안한 바 있다. 고드윈의 계획은 "교육의 모습을 완전히 뒤바꾸기 위해 마련된 것이다. 지금까지 교육에 수반되었던 가공할 제도적 장치는 모두 해체된다. 엄밀히 말해서 교사나 학생의 역할은 더 이상 존재하지 않는다. 어른과 마찬가지로 아이 역시 공부하고 싶으니까 공부한다. 아이는 자기가 세운 계획에 따라 학업을 진행한다. 다른 사람의 계획을 빌려오는 경우에도 완전히 자기 것으로 만든다."(Ward, 1973: 134~135)

교육에 대한 아나키즘의 접근 방식의 바탕이 되는 것은 배움터에 대한 경멸이 아니라 학습자에 대한 존중이다. 자유교육학교에서는 등하교나 수업 출석도 학생의 자발성에 맡긴다. 징벌이나 체벌이 일체 부정된다. 강제만이 아니라 교묘하게 학생들에게 지식을 주입하는 조작도 금지된다. 닐A. S. Neil은 강제적 교사를 'Hard Boss', 조작적 교사를 'Soft Boss'라고 부르면서, 전자보다 후자가 더욱 유해하다고 했다. 이것은 '드러난 권위'와 '숨겨진 권위'의 차이이다. 그러나 자유교육학교의 교사의 업무는 전통적 학교의 교사보다도 과중하다고 할 수 있다. 출석이 강제되지 않으므로 유능하고 성실한 교사의 수업은 만원이 되고, 무능하고 불성실한 교사의 수업은 없어지게 된다. 자유교육은 교사의 자유와는 무관한 것이다. 그들은 아이들을 방임할 수 없다. 아이들에게 학습 의욕을 갖게 하기 위해 교사는 여러 가지 다양한 교육 활동을 준비해야 한다. 아이들이 여러 활동 중에서 기호와 능력에 맞는 학습 계획을 스스로 세우면 교사는 그것에 적극 참여해야 한다. 또한 학습 성과의 평가에도 학생이 참여한다.

자유교육의 내용은 학생들의 개성과 개인차에 따라 다르다. 이때 개인차는 당연한 것으로 인정된다. 통일되고 획일적인 기준으로 학생들을 비교하거나 경쟁시켜서는 안 된다. 평가도 서열별 평가가 아니라 학생들의 개성을 존중하는 서술이어야 한다. 표준 시험도 없다. 시험이 있어도 그것은 교사의 교육 정도를 평가하기 위한 것이다. 우등생, 열등생은 없다. 자유학교에는 학년제, 학급제도 없다. 모든 학생들은 나름대로의 학습 계획을 갖는다.

자유교육의 특징 중 하나가 교육과 생활의 조화이다. 자유학교에서는 교과서 대신 다양한 교재와 교구를 사용한다. 교과서가 있다 해도 교사가 스스로 만든 것이 대부분이고 그것도 예외적으로 사용된다. 교육이 책이 아니라 학생 스스로의 활동이나 직접 체험에 의해 이루어지기 때문이다. 요리, 농사, 사육, 여행, 인쇄, 토목, 견학 등이 수업의 주 내용이다. 읽기나 산수 등의 기초 학습도 이러한 활동을 통하여 이루어진다. 모든 학습이 일을 중심으로 하여 교사에 의해 조직된다. 국어, 수학, 과학식의 과목 분화가 아니라 하나의 활동 속에 모든 과목이 종합적으로 포함된다. 이른바 'Learning by Doing'이다. 이러한 수업을 준비하기 위하여 교사는 지역사회와 협조해야 한다. 아이들을 데리고 다니며 여러·곳을 보여주고 여러 사람을 만나게 하고 배우게 한다. 자유학교에서는 놀이도 중요시된다. 놀이를 통해 감정 해방을 체험한 아이들은 자기주장과 협력의 필요성 및 유용성을 스스로 익히게 된다.

자유학교는 민주적 공동체의 성격을 갖는다. 교사는 권위를 갖지 않는다. 교사는 결코 공포의 대상이 아니다. 교사와 학생은 서로 이름을 부른다. 학생은 집회를 통하여 학교 운영에 적극 참여하고 토의한다. 교장이 있어도 교사와의 상하 관계는 없다. 학부모도 학교 운영에 참여한다. 또한 학부모와 주민을 위한 야간 학교도 열린다.

자유교육학교의 여러 특징, 즉 자발성, 개성, 생활, 참가의 원리 등은 우리의 교사 중심주의, 획일 능력주의, 교재 중심주의, 관료주의 등과는 반대되는 것이다. 우리는 무의식중에 현실에 젖어 현재의 교육에 대한 문제의식에 둔해질 수 있다. 또한 자유교육이 지향하는 이념이 대학 입시라는 우리의 현실과 너무 동떨어져 두려움마저 느낄 수 있을 것이다. 그럼에도 불구하고 우리는 자유교육의 지향 가치 속에서 교육의 앞날에 대한 풍부한 상상력과 신선한 자극을 받을 수 있을 것이다. 우리나라에서도 대안학교, 실험학교라는 이름으로 각지에서 자유교육을 지향하는 학교가 설립·운영되고 있다. 아나키즘적 교육 이론은 우리의 현실 교육과 관련시켜볼 때 하나의 주변 이론에 불과하다는 평가를 받을 수 있을 것이다. 그러나 아나키즘적 교육 이론은 우리

교육의 문제점을 짚어주고 비판력을 길러주며, 나아가 우리 교육의 미래를 가늠하게 하는 하나의 나침판 역할도 제시하고 있다고 할 수 있겠다.

아나키즘이 정치교육에 주는 함의

아나키즘 교육론에 나타난 여러 주장들은 가치교육의 목적, 의의 및 방법론에 이르기까지 가치교육의 여러 영역에 다양한 논쟁을 불러일으킬 수 있는 소지를 안고 있다. 특히 아나키스트의 도전적인 국가관, 국가에 의한 가치교육에 대한 회의 등은 가치교육 중 큰 비중을 차지하는 정치교육의 의의에 대한 기반마저 흔들고 있다. 사실 정치교육에 대한 아나키즘적 공격은 여러 형태로 전개되어왔으며, 이를 통해 정치교육의 여러 영역에 대한 이론적인 구성 작업이 계속 논의되어왔다. 여기서는 국가의 문제, 교육 방법론에 중점을 두어 아나키즘의 정치교육적 함의를 살펴보고자 한다.

국가의 존재론적·윤리적 당위성의 문제

정치교육은 개념이 협의로 정의되든 광의로 정의되든 국가와 직접, 간접적으로 관계를 맺고 있다. 만약 국가의 존재론적 및 윤리적 당위성의 근거를 확보하지 못한다면 정치교육의 의의는 그 출발점에서부터 많은 논쟁을 야기할 것이다. 국가란 무엇인가라는 질문은 우리 삶의 현실을 반영하는 실천적인 물음이다.

그리스에서 국가에 관한 정치철학적인 물음이 제기되었을 때, 그것은 특별히 무슨 철학적이거나 과학적인 이론은 아니었다고 레오 스트라우스Leo Strauss는 주장하고 있다. 그것은 일상생활에서 제기되었던 실천적인 물음이었다. 도덕적인 국가란 무엇이며, 정당한 국가권력의 행사는 어떻게 실행되어야 하는가의 물음은 그들의 일상적인 정치 생활을 반성함으로써 제기되고 논의된 문제들이었다. 그러나 그후 국가나 정치에 대한 이론이 세련화되면서, 현실적인 삶과 정치적 실천과는 동떨어진 이론을 위한 이론이 많이 제기되었다. 정치적 현실의 구조를 개선하기 위한 이론이라기보다는 가치판단을 배제한 사실의 체계화와 개념화에 치중하여 현실성과 실천성이 결여된 모습으로 전락하게 되는 경향이 있었다. 또한 국가론은 이러한 비실천적 추상화의 과정에서 어떤 특수한 계층, 계급의 이익을 대변하고 그들의 권력을 옹호하는 변호론적 구실마저 하게 되었으며 이데올로기로서의 성격마저 띠게 되었다. 이러한 국가론의 비실천성과 관념성 그리고 이데올로기에 대한 반성과 비판에서 국가론에 대한 정치철학적 관심이 다시 고조되고 있다. 이러한 관심은 국가의 존재론적 또는 윤리적·규범적 정당성의 문제를 되묻게 한다. 만약 국가의 존재론적 및 윤리적 타당성의 근거를 찾지 못한다면, 국가에 대한 아나키즘적 공격에 대해 무방비 상태에 놓일 것이며 정치교육의 의미도 상실할 것이다.

국가의 존재론적 및 윤리적 문제는 먼저 국가는 우리에게 우연인가, 필연인가, 또는 당위인가의 물음으로 돌아가게 한다. 이 물음은 국가의 정당화에 대한 논거를 밝히는 과제로서 이를 해결하기 위해 국가 기원론의 방법이 사용된다. 이는 우리 자신을 무국가적 상황에 놓아 그 상황에서 국가의 필연성 또는 당위성을 찾아보게 하는 일종의 사유 실험이다. 국가 기원론은 크게 세 범주로 나눌 수 있다.

첫째는 역사적 기원론으로 국가가 어떤 역사적 과정을 거쳐 성립하였는가에 대한 답을 구하고 국가 발생의 선사적 또는 역사적 원인을 밝혀 인과적 설명을 하려는 논의이다. 이러한 논의는 국가의 윤리적 당위성 부여와는 관계없이 경험적 사실에 관한 것들이다.

둘째는 합리적 기원론으로 부를 수 있는 것으로 이 입장은 경험에 관한 사실학이라고 말할 수 있으나, 과거에 존재했던 인간에 관한 선사적 또는 역사적 사실에 주목하지 않는다. 이 입장은 인간에 관한 현상적이고 경험적이긴 하나 보편적인 사실에 관심을 둔다. 즉 자연적 존재로서의 인간이 자연적 욕구를 합리적이고 효율적으로 해결하기 위한 수단 또는 방법으로 국가적 삶을 인간이 선택했으리라고 추정한다. 합리적 국가 기원론은 국가 구성의 근원이 되는 사실을 인간의 자연적 욕구에 두고 있으며 이 점에서 국가는 인간의 자연적 삶에 봉사하는 존재라는 것을 시사하고 있다. 자연 상태에서의 재화의 희소성, 협동의 효율성, 권리 보호의 필요성, 만인에 의한 만인의 투쟁의 극복 등을 국가 구성의 원리가 되는 사실로 들고 있다. 결국 합리적 국가란 인간의 자연적 욕구를 보다 효율적으로 충족시키기 위한 효과적인 도구에 불과하다. 국가는 단지 편리한 도구일 뿐이며 도덕성과는 무관한 개념이다. 따라서 이러한 논리는 국가에 대한 윤리적·규범적 정당성을 제공하지 못한다. 왜냐하면 도구는 결국 선택의 문제이기 때문이다.

셋째는 규범적 기원론으로, 이 이론은 국가의 철학적 정당화에 대한 논거를 제시하려 한다. 즉 국가가 당위적 선택의 대상이 되기 위해서는 그것이 우리의 윤리적 욕구 충족에 기여해야 한다는 것이다. 정치교육의 정당성을 확보하기 위해서는 이 입장에서 윤리적 기초를 마련해야 할 것이다. 국가에 대한 규범적 기원론은 일찍이 플라톤, 아리스토텔레스에게서 찾을 수 있다. 플라톤의 국가론은 인간에 관한 존재론에 기초하고 있으며, 아리스토텔레스에 의하면 국가적 삶은 인간의 존재론적 및 윤리적 삶의 완성에 기인하는 것으로 윤리학까지 포함하는 실천학이다. 국가에 대한 존재론적 및 윤리적 당위성을 도출하는 문제는 인간은 어떤 존재이기에 국가라는 특정한 삶의 양식을 요청하느냐 하는 문제와 직결된다. 이 문제에 답하기 위한 사유 실험에서는, 무국가적 상황에서의 인간의 특성 규정과 국가에 대한 특성 규정이 선행되어야 할 것이다. 이러한 사유 실험을 통해 인간이 결여적 존재라는 사실과, 이러한 결여적 존재로서 자연적 욕구와 윤리적 욕구를 갖는다는 사실을 밝혀야 한다. 나아가 이 두 욕구로 인하여 개인은 무국가적 상황에서 타자와의 관계를 정립하며 국가의 존재를 요청하게 됨을 규명해야 한다.

인간이 자신의 존재와 삶의 우연성과 허무를 넘어서 가치와 실체성을 지닌 존재로 살고자 한다면 이런 욕구를 윤리적 욕구 또는 존재애적 욕구라 부를 수 있다. 인간은 자연 상태에서의 자연적 삶을 극복하고 가치와 의미를 지닌 삶을 영위코자 한다는 점에서 윤리적 행위 주체이며 이성적 행위 주체이다. 인간은 자신의 바로 이런 특성을 바탕으로 하여 자신과 타인에게 윤리적 가치와 존재론적 실체성을 부여함으로써 새로운 체계를 구축하고 타인과 윤리적 관계를 정립한다. 바로 이 세계가 정치 세계, 즉 국가이다. 여기서 국가의 존재론적·윤리적 당위성이 제기된다 하겠다. 여기서 국가 상태는 그 자체로서 이성 질서는 아니며 그 질서로 향하는 '과정'으로 표현될 수 있다.

국가를 존재론적 및 윤리적 당위성의 문제로 다루려는 시도는 오늘날 신자연법론자들에 의해 행해지고 있다. 이 문제는 공동 선과 국가의 목적, 기능과의 관계로 연결된다. 공동 선은 인간이 자신의 완성을 보다 원만하고 용이하게 이루게 하는 사회생활의 모든 조건의 총체로 볼 수 있다. 여기서 '인간의 완성'과 '사회생활의 모든 조건'이 중요한 개념으로 등장한다. 인간은 사회적인 존재로서 사회 안에서 자기실현과 완성에 도달하게 되고, 인간의 궁극적 관심을 위해서 필연적으로 조건이 요청되는데 이것이 바로 공동 선인 것이다.(Messner, 1949: 118~140 참조) 바로 이공동 선의 담지자로서의 국가의 성격이 규명되어야 할 것이다. 그래야만 국가를 하나의 도구로서 보지 않고 존재론적·윤리적 당위성의 근거로서 파악할 수 있다.

지금까지 많은 학자들이 자연적 욕구를 중심으로 국가의 정당성을 인정해왔다. 그러나 나는 자연적 결여에서 오는 자연적 욕구를 원리로 해서는 국가의 정당성을 확보할 수 없으며 국가 구성의 원리는 윤리적 욕구에서 찾아야 한다는 점을 강조하고자 한다. 이를 위해 인간은 무국가적 상황에서 왜 이성적 또는 윤리적 결여태가 되는가, 윤리적 욕구를 충족시키기 위한 타자와의 이성 관계는 어떤 것이어야 하는가, 윤리적 욕구에서 생성된 국가의 기능은 무엇이며 어떠해야 하는가 등이 계속 논의되어야 할 것이다.

아나키즘의 국가에 대한 도전은 국가 자체에 대한 부정이라고 하기보다는 윤리적 당위성을 상실한 국가에 대한 저항과 채찍이라고 할 수 있을 것이다. 많은 현대 아나키스트는 국가 자체를 부정하는 것이 아니라 국가가 저지르고 있는 각종 부정의에 대해 강한 비판을 가하고 있다.

정치교육의 방법론에 주는 시사

협의의 정치교육은 "사회질서의 체제 내지 정치 체계를 유지,

발전시키기 위한 국민의 지지 내지 합의 기반을 형성하는 교육적 노력 과정"(Tapper, 1976: 2~4) 또는 "정치 체계의 기본 가치관과 규범을 구성원들에게 내면화하여 한 세대에서 다음 세대로 전승해가는 과정(Massialas, 1989: 20~21)으로 규정되고 있다. 이러한 정의는 정치 관계의 안정·통합 및 유지를 강조하여 변화와 발전을 소홀히 취급한다는 결점으로 인해, 체계의 안정과 유지를 전제하지 않고 정치 생활의 영역에 대해 자율적으로 생각하고 활동할 수 있는 능력과 자신을 육성하고 정치과정의 참여에 필수적인 지식과 기능, 태도를 학습하게 하는 과정으로 이해되기도 한다.

정치교육이 어떻게 정의되든 그것은 한 나라가 지향하는 바람직한 인간 교육과 관계된다. 그러나 한 나라가 이상으로 여기는 바람직한 인간상이란 그 나라의 문화 전통과 지배적 가치관 및 국가 이념과 정치 목표 등에 따라 다양하게 규정될 수 있다. 여기에 정치교육에 대한 아나키즘적 도전이 있다. 자연론적 사회관을 바탕으로 통치 기구 및 지배 계층에 강한 혐오를 표시하는 아나키스트는 가치교육을 의심하고 회의한다. 가치교육에 대한 반대는 아나키스트만의 고유한 것은 아니다. 가치교육에 대해 반대하는 전통은 수세기에 걸쳐 교육학적·정치학적인 저술을 통해, 그리고 지리적·문화적 배경을 초월하여 널리 확산되어왔다. 고드윈, 루소, 톨스토이, 슈티르너, 로빈P. Robin, 페레F. Ferrer, 크로포트킨, 오웬R. Owen, 일리히, 라이머, 프레이리 등과 같은 아나키스트를 포함한 여러 사람이 이러한 전통을 잘 대변하고 있다. 반가치교육의 전통은 한 가지로 통일된 운동은 아니다. 그것은 사회·인간·경제 그리고 교육 등에 관한 다양한 견해의 혼합물이다. 실제로 이 전통은 종종 다양한 견해들을 어설프게 요약해놓은 것에 불과하다. 이러한 전통 속에서 아나키스트가 차지하는 비중은 꽤 큰 것으로 평가된다.

가치교육을 반대하는 사람들은 도덕성 그 자체를 반대하고 있다기보다는 오히려 도덕성의 이름을 빌려 채택된 하나의 교육적인 입장을 반대하는 것으로 이해할 수 있다. 가치교육을 반대하는 주장은 다섯 가지로 정리될 수 있다. 즉 인식론적인 견해, 개인주의자의 견해, 사회주의자의 견해, 경험적·평가적 견해, 구조주의적인 견해이다.(Chazan, 1985: 180~193 참조) 아나키스트들은 개인주의적인 견해의 대표자로 거명되고 있다. 이들은 가치·도덕교육의 여러 활동을 국가나 집단이 그 자체를 지속시키기 위하여 그들의 가치를 그 구성원에게 강요하는 수단으로 간주한다. 이러한 접근은 슈티르너에 의해 일찍이 표현된 자아의 소유권에 대한 개념을 출발점으로 하고 있다. 즉 어린이들은 만일 그들이 외부로부터 방해를 받지 않거나 강요되지 않는다면, 그들 스스로 자유롭게 선택하는 행위자가 될 수 있는 능력을 이미 지니고 있다고 믿는 것이다. 이러한 개인주의적인 견해의 공통적인 입장은 개인에게 어떤 가치를 강요하고 개인들을 조종하는 수단으로 간주되는 가치교육을 학교에서 실시해서는 안 된다는 것이다. 닐은 이 점을 단적으로 표현하고 있다. 즉 닐에 따르면 도덕적 명령은 우리 각자 속에 내재하고 있는 도덕성의 진정한 근원을 발달시키기보다는 오히려 외부의 권위와 관습에 복종시킬 뿐이라는 것이다. 그에 따르면 도덕적 명령이 중단되었을 경우에만 도덕교육이 시작될 수 있다.(Neil, 1972: 17)

가치교육을 반대하는 사람들은 항상 비판자와 방관자 사이를 서성대는 존재로 남아왔다. 그러나 이들의 논리는 계속 관심을 불러일으키고 신선함을 주고 있다. 이것은 가치교육자가 제시하고 있는 교육학적인 이념들 중에 성공적으로 시행되고 있는 것도 있지만, '점점 더 많은' 가치교육이 반드시 '점점 더 높은 수준'의 도덕성 발달단계로 이끌지는 않는다는 사실 때문이다. 따라서 이것은 기존의 가치교육 프로그램과 교육 방법론에 의문을 제기하고 수정을 가하는 데 많은 영향을 미치고 있다.(Chazan, 1985: 195~196)

여기서 유의할 점은 아나키스트가 도덕, 윤리 자체를 결코 무시하지 않았다는 점이다. 바쿠닌이 죽기 직전에 윤리학 책을 집필하려 했다는 사실은 주목할 만하다. 크로포트킨은 말년에 대작『윤리학의 기원과 발달』을 집필했다. 그는 상호부조의 감정 및 정의의 개념과 함께 특히 사람에 대한 관용성, 나아가서 자기부정-자기희생이 필요하다고 주장하였다. 즉 상호부조, 정의, 자기희생, 이 세 가지 요소가 도덕의 근간인 것이다. 크로포트킨은 이 세 가지 요소야말로 '인간행위의 물리학'이라고 하면서 윤

2장 아나키즘은 교육에 어떠한 영향을 미치고 있는가 175

리의 중요성을 강조하였다.

광의의 정치교육이 가치교육을 포괄하고 있음을 생각할 때 아나키즘적 도전은 정치교육의 방법론에 많은 시사점을 주고 있다. 특히 한국의 정치교육이 그동안 기능론적 입장에 경도되지 않았나 하는 비판이 일어나면서 비판 윤리적인 정치교육 방법론이 거론되고 있다. 비판이론에서는 기존의 문화를 비판하고 가치 규범의 경직성을 고발하며, 사회적 갈등 상황을 인정하고 그 해결책을 제시하고 해결할 수 있는 능력 배양이라는 차원에서 교육 방법을 제시하고 있다. 그러나 비판이론은 그 규범적인 성격에도 불구하고 비판에만 그쳤을 뿐 구체적인 대안이 결여되었다는 점에서 그 한계를 비판받고 있다. 또한 교육 및 사회화라는 것 자체가 이미 기능론적 성격을 갖고 있기 때문에, 비판이론이 교육 자체를 포기하지 않는 한 기능론적 입장으로 환원될 수 있다.

이상의 문제는 대응 사회화Counter Socialization라는 개념에 유의하게 만든다. 대응 사회화는 독립적인 사고와 정치적 자유의 핵심이 되는 사회 비판을 할 수 있도록 의도된 학습이다. 이것은 적극적이며, 활발한 추론을 장려한다. 이것은 성인으로 하여금 자신이 어렸을 때 배운 것의 가치를 스스로 평가할 수 있도록 하기 위한 것으로, 사회화 과정에서 학습해온 것에 대한 재평가를 의미한다. 사회화 과정은 대응 사회화 과정과 균형을 이룰 때 효과가 있고 영속성이 있다고 하겠다.(Engle and Ochoa, 1985 : 50) 사회화 과정과 대응 사회화 과정의 조화를 반성적 사회화Reflective

Socialization라고 할 수 있다.

아나키스트들이 제기하고 있는 함의를 정치교육에서 어떻게 흡수시켜나가는가 하는 과제는 바로 대응 사회화의 개념을 교육과정 및 교육 방법론에 어떻게 구체적으로 적용시키는가 하는 문제와 연결된다. 아나키즘 교육론은 카오스 이론과 맥락을 같이하고 있다고 생각된다. 무질서하고 불규칙적인 혼돈 상황은 새로운 정형과 규칙성을 찾아가는 과정인 것이다. 아나키스트가 야기하고 있는 무질서한 것처럼 보이는 혼돈 상황도 새로운 정형과 규칙성을 창조하고 그것을 이어가는 과정으로 볼 수 있다. 이것은 동양의 체용론體用論에 나타나는 상대주의와 보편적 객관주의의 음양론적 관계와도 맥락을 같이한다 하겠다. 여하튼 정치교육에 대한 아나키즘적인 도전은 가치교육에 대한 근원적인 문제 제기로서 많은 반성적 의미를 주고 있다.

마치며: 새로운 화두의 아나키즘 교육

아나키즘 교육론은 현재의 교육 현실과 비교해볼 때 지나치게 이상적으로 보이기도 하고 천진난만하게 보이기도 한다. 그럼에도 불구하고 아나키즘 교육론은 지금까지 다양한 형식으로 주장되고 그 생명력을 이어오고 있다. 권위주의적이고 형식적인 국가 주도의 공교육에 대한 아나키즘의 도전과 자유교육학교에의 지향은 현실과 동떨어진 면이 있음에도 많은 관심의 대상이 되고 있으며, 나아가 각종 형태의 아나키즘적 교육 실험도 진행 중이다. 우리나라에서도 각종 대안학교가 실험되고 있으며, 그 결과도 긍정적인 평가를 받고 있다고 볼 수 있다.

그리고 국가 주도의 공교육에 대한 아나키즘 교육론의 비판은 국가란 무엇인가에 대한 근원적인 정치철학의 문제를 제기하고 있다. 지극히 당연한 존재로 여겨져왔던 국가에 대해 의문을 제기하면서 교육과 국가의 관계를 거론한 것은 매우 도전적이며, 오늘의 교육 문제에 많은 화두를 던져주고 있다. 또한 아나키즘 교육론은 정치교육의 방법론에 많은 시사를 주고 있다. 국가 주도의 정치교육에 대한 도전은 '대응 사회화'와 '반성적 사회화'의 중요성을 인식시켜주고 있다. 아나키즘의 국가에 대한 도전은 국가 자체에 대한 부정이라기보다는 윤리적 당위성을 상실한 국가에 대한 채찍이라고 볼 수 있으며, 국가 주도의 교육에 대한 위험을 경고한 것이라 할 수 있다.

결국 아나키즘 교육론은 기존의 교육 이론과 제도에 대하여 신선한 충격을 주고 많은 상상력을 제공하고 있다고 할 수 있다. 비록 주변 이론으로 자리하고 있긴 하지만 교육 문제에 새로운 문제를 제기하고 기존 교육에 대한 비판과 교육 쇄신을 위한 나침판의 역할을 하고 있는 것이다.

3장 아나키즘과 복잡계 이론은 어떻게 비슷한가

시작하며: 아나키즘과 복잡계 이론

나는 아나키즘과 복잡계 이론을 연구해오면서 항상 둘 사이에 매우 유사성이 많다는 것을 느껴왔다. 그래서 아나키즘과 복잡계 이론의 상관성에 대한 기존의 연구가 있는지 여러모로 탐색해보았지만 구체적으로 도움이 될 자료를 찾지는 못했다. 다만 인터넷 검색을 통해 독일 학계에서 「아나키와 카오스」라는 논문이 나온 것을 확인하였다. 그러나 그 논문을 구할 방법이 없었다. 따라서 이 글은 기존 연구에 대한 도움을 받지 못한 채 씌어진, 어쩌면 도전적이고 개척적인 성격을 지닌 글이다.

내가 복잡계 이론을 접한 것은 1980년대 중반이었다. '일반체계이론'을 공부하다 그 연장선상에서 만난 것이다. 오늘날 복잡계 과학은 '21세기 과학의 프런티어', '20세기 말의 코페르니쿠

스적 전환'이라고까지 불리며 과학의 전 영역에 새로운 패러다임으로 급부상하고 있다. 우리나라에서도 관련 학회가 생기는 등 복잡계 이론에 대한 활발한 연구 활동이 전개되고 있다. 복잡계 이론은 기존의 과학적 틀로는 해석할 수 없는 여러 가지 현상에 대한 의문을 풀고자 하는 새로운 과학의 도전이다. 비단 자연과학뿐만 아니라 정치, 경제, 경영, 사회, 문화 등 인문사회과학의 사회 인식 전반에서도 활용되고 있다.

이 글은 내가 지금까지 직관적으로만 느껴온 아나키즘과 복잡계 이론의 상관성을 구체화시켜보는 것이다. 복잡계 이론의 큰 줄기는 카오스 이론과 자기 조직화 이론이 합류하는 곳에서 생성되었다. 따라서 나는 카오스 이론과 자기 조직화라는 틀을 가지고 아나키즘과의 유사성을 살피고자 한다. 또한 아나키즘 사상의 내용뿐만 아니라 전략·전술적인 특징을 복잡계 이론이 제시하는 여러 시사점과 연결하여 그 상관성을 규명하고자 한다.

복잡계 이론의 형성과 토대

형성 배경

20세기를 지나는 동안 과학을 바라보는 시각에 엄청난 변화가 나타나기 시작하였다. 원자 물리학과 소립자 물리학이 주도하는 환원주의적인 과학관이 그 주도적인 위치를 상실해가는 반면에,

기존 학문의 패러다임에서 벗어나 새로운 탐구의 방법을 시도하면서 자신들의 독자성과 자율성을 주장하는 여러 이론이 등장하고 있다. 그 대표적인 것이 복잡계 이론과 관련된 분야이다. 복잡계 과학이 기존과학의 아성을 무너뜨리고 새로운 과학 질서를 성공적으로 창출할 수 있을 것인가는 좀 더 지켜보아야 하겠지만 현재 큰 관심의 대상으로 부각되고 있다는 것은 부인할 수 없다 하겠다.

복잡계 이론의 대두는 비결정론적 세계관의 부상과 밀접한 관계가 있다. 1800년경 라플라스Pierre S. de Laplace가 제창한 세계는 완벽한 결정론의 세계였다. 천체역학의 문제를 뉴턴 역학을 바탕으로 완결시킨 라플라스는 천체역학을 넘어선 문제까지도 뉴턴주의를 적용하려는 체계적인 프로그램을 진행시켰고, 뉴턴주의적 결정론은 자연과학의 모든 분야에 파급되었다. 그러나 결정론은 과학 세계에서 서서히 절대적 지위를 상실해가면서, 20세기 초반에는 보른Max Born, 하이젠베르크Werner K. Heisenberg, 보어N. H. D. Bohr 등의 양자역학에 대한 비결정론적이고 통계적인 해석에 의해서 비결정론이 인식론적으로 확고한 위치를 차지하게 되었다.

양자역학 분야에서 비결정론적인 세계관이 확립된 것과는 별도로 20세기 후반에 나타난 과학계의 두드러진 변화는 비평형 통계역학, 동역학계 등 복잡성의 과학에 관심이 고조된 것이라 할 수 있다. 특히 카오스 이론과 프리고진Iliya Prigogine의 자기 조

3장 아나키즘과 복잡계 이론은 어떻게 비슷한가 181

직화 이론은 복잡성 과학의 이론적 토대로 대변되고 있다. 카오스 이론은 비선형역학계에서 생성되었고 자기 조직화 이론은 비평형계열역학에서 나왔다.(임경순, 2000 : 44~45)

복잡계 이론은 카오스 이론과 자기 조직화라는 두 가지 흐름이 만나는 합류 지점에 있다고 할 수 있다. 이러한 합류 지점에서 여러 학계에서 학제적인 연구가 활발하게 전개되었다. 다양한 관심사와 자유로운 사고를 가진 일련의 학자들은 '신과학운동', 산타페연구소(SFI)의 '산타페이즘', 벨기에 과학재단의 '사이버네틱스 프로젝트Cybernetics project', '신체계과학 운동New System Science' 등 여러 가지 움직임을 보여주고 있다. 각기 이름은 다르지만 이들 학자군들은 일관되게 학제적이고, 통합 이론적이며, 전체론적인 방법론을 채택하고 있다. 이들은 대개 열역학, 양자역학, 생물학, 유전공학, 인공지능, 신경망 이론 등 최신 과학 동향에 민감하다. 또한 통합과 전체론적 시각을 강조하는 동양적 정신과학에도 깊은 관심을 가지고 있다. 나아가 자연과학과 사회과학의 통합, 물질과학과 정신과학의 통합, 서양 사상과 동양 사상의 융합에 이르기까지 매우 넓은 범위에서 연구를 하고 있다.

1980년대 이후 복잡계에 대한 연구는 컴퓨터의 대중화, 고속화, 대용량화에 힘입어 괄목할 만한 성과를 거두었다. 특히 프렉탈Fractal, 카오스 등은 전통적 과학 방법에서 상상을 불허했던 구조 현상을 보여줌으로써 자연의 복잡성과 질서 구조에 대한 우리의 인식에 새로운 차원을 더해주었다. 카오스와 비선형계에 대한 관심 및 공학적, 실제적 응용 연구는 계속 지속되고 있다.

이론적 토대

'복잡계'라는 단어는 지금 세계적으로 가장 많이 거론되고 있는 최첨단의 키워드다. 복잡계라는 말이 무엇을 나타내고 복잡계 과학은 무엇을 지향하며, 연구자는 어떤 방법으로 그 목표를 달성하려고 하며, 나아가 복잡계의 어떤 측면이 우리의 관심을 불러일으키고 있는지 등의 질문에 간단히 답하기는 매우 어렵다.

복잡계란 용어를 어떻게 사용하는 것이 좋을까? 이런저런 정의를 종합해보면 다음과 같이 정리할 수 있겠다. 즉 복잡계는 무수한 구성 요소로 이루어진 한 덩어리의 집단으로서, 각 요소가 다른 요소와 끊임없이 상호 작용을 하면서 전체적으로는 각 부분의 총합 이상으로 전환되어 무엇인가가 독자적인 행태를 보이는 것이다.(요시나가 요시마사, 1977: 22)

복잡계 과학은 복잡함의 깊숙한 곳에 있는 단순함을 해명해보려고 한다. 즉 단순한 요소나 이유로 설명되지 않았던 현상을 하나의 이론으로 설명하고자 한다. 다시 말해 복잡한 대상 전체에 공통되는 법칙성 또는 성격을 파헤치는 것이다.

그것은 단순한 요소 환원적인 사고에 대한 철저한 반성에서 출발한다. 또한 복잡계 과학은 컴퓨터 속의 가상 세계에서 복잡성의 신비를 풀 열쇠를 찾아내려는 구성적인 과학이며, 복잡한 현상에 대해서는 그것이 과학적 분석 이전에 폐기할 수 없는, 우리

눈앞에 언제나 있어온 것이라고 생각하는 과학이다. 이러한 복잡계 과학은 종래의 과학적 사고에서 배제되어온 유추에 커다란 역할을 부여하며 새로운 과학의 방법론을 확립하려는 야심이다.

복잡계 과학의 출현은 논리적으로 그리고 시계열적으로 카오스 이론과 비평형계 과학의 자기 조직화 이론의 전개선상에 있다. 다시 말해 복잡계 이론의 등장은 보수 과학이 내포하는 2극 구조, 즉 고전역학의 결정론과 통계역학의 확률론으로 대표되는 '단순한 계의 과학'과 '랜덤한 계의 과학'의 2극 구조가 갖는 모순을 극복하는 데에 있다.

얼마 전까지 카오스나 비평형계 이론은 과학의 전통에서 보면 주변적인 분야에 지나지 않았다. 지금까지 과학의 세계는 물리학 제국주의가 지배하고 있었다. 카오스의 발견자는 물리학자도 수학자도 아닌 한낱 기상학자에 지나지 않았으며, 그의 논문은 10년이나 무시당하고 있었다. 비평형계 이론을 창시한 프리고진도 긴 세월 동안 외로운 분전을 해야만 했다.

복잡계 과학의 이론적 출발점이자 토대라고 할 수 있는 카오스 이론과 프리고진의 자기 조직화 이론을 살펴보도록 하자.

카오스 이론은 1963년 매사추세츠 공과대학의 기상학자 에드워드 로렌츠Edward E. Lorenz가 「결정론적인 비주기적 유동Deterministic Nonperiodic Flow」이라는 논문을 당시 물리학자들에게는 잘 알려지지 않았던 한 기상학 잡지에 발표하면서 고개를 들기 시작하였다. 당시 로렌츠는 기상 현상을 몇몇 단순한 수학

방정식을 사용하여 기술하는 과정에서 초기 조건의 미세한 차이가 시간이 흐름에 따라 점점 커져서 마침내 결과에서는 엄청나게 커진다는 것을 컴퓨터의 도움으로 발견하였다. 이러한 현상은 '나비 효과Butterfly Effect' 또는 '갈매기 효과Seagull Effect'로 표현되고 있다. 즉 서울에 있는 나비의 날갯짓으로 일어난 아주 가벼운 바람의 진동이 뉴욕에서는 태풍으로 변한다는 것이다.

이러한 '초기 조건에의 민감한 의존성'의 개념은 19세기말 프랑스의 푸앵카레Henri Poincaré에 의해 선구적으로 논의되었고, 로렌츠의 논의에서 중요한 부분을 차지하는 동역학에 관한 논의도 이미 1920년대에 비르코프G. O. Birkhoff에 의해 전개되었다. 로렌츠는 이들의 작업을 종합하고, 컴퓨터의 도움을 받아 후일 '별난 끝개Strange Attractor'라는 개념으로 구체화되는 카오스 현상 가운데 하나를 발견한 것이다.

카오스라는 용어는 제임스 요크James A. Yorke와 그의 제자 리李天岩의 논문 제목에 그 용어를 붙여 널리 유통된 것이지만, 처음부터 정확한 정의를 내려 사용한 것은 아니었다. 그러나 연구자의 증가와 함께 누구나 납득할 수 있는 정의를 내릴 필요성이 점차 요청되었고, 카오스 이론에 대한 관심이 일어난 지 거의 10년이 지난 1986년 영국왕립협회가 주최하는 카오스에 대한 국제회의 석상에서 정의를 채택하게 되었다. 많은 논의 끝에 채택된 정의는 '결정론적인 계에서 일어나는 확률론적인 행동'(요시나가 요시마사, 1977)이었다. 이것을 쉽게 풀이하면 '전적으로 법칙에

3장 아나키즘과 복잡계 이론은 어떻게 비슷한가 185

따라서 지배되면서 법칙성이 없는 행동'으로 볼 수 있다.

수학적으로 카오스란 단순한 혼돈이 아니라 처음에는 정연한 질서를 유지하다가 어느 순간 걷잡을 수 없는 상황이 되는 것이다. 카오스는 질서에 숨어 있는 불규칙성이다. 따라서 카오스적 현상에는 'A이면 B가 된다'는 결정론적 예언은 있을 수 없다. 비가역적이고, 비결정론적이며, 기본적으로 혼돈적인 자연현상에서 나타나는 질서를 찾는 카오스 이론은 20세기 후반에 나타난 과학의 양상을 대변하면서 물리학, 수학, 인문사회과학 등의 학계와 일반 대중으로부터 많은 관심의 대상이 되고 있다.

다음으로 복잡계 이론의 또 다른 출발점인 프리고진의 자기조직화 이론을 살펴보자. 카오스 이론은 주로 미국을 중심으로 발전했지만, 사실상 카오스 이론의 핵심적인 논의가 포함되어 있는 비평형열역학은 벨기에의 화학자 일리야 프리고진에 의해 보다 선구적으로 전개되었다. 그는 비평형열역학에 대한 연구로 1977년 노벨화학상을 수상하기도 했다.

프리고진의 사상은 흔히 『혼돈으로부터의 질서Order out of Chaos』라는 말로 대변되기도 한다. 프리고진은 비평형열역학을 다음과 같이 요약하고 있다.(프리고진, 1993: 서문 참조)

이제 우리는 주요 결론 중 하나에 이르게 된다. 즉 거시적 물리학의 수준이건 요동의 수준이건 또는 미시적 수준이건 모든 수준에서 비평형은 질서의 근원이라는 것이다. 비평형은 혼돈으로부터의 질서를 가져오는 것이다. 이제 새로운 통합이 나타나고 있다. 가역성은 모든 수준들에서 질서의 근원이라는 것이다. 비가역성은 혼돈으로부터 질서를 가져다주는 기구이다.

프리고진의 저작『있음에서 됨으로From Being to Becoming』역시 그의 사상에 대한 핵심적인 논의를 담고 있다.(프리고진, 1988 참조) 그에 의하면 '있음의 세계'는 기계론적이고 결정론적이며, 뉴턴이 발전시킨 고전역학적인 세계관, 즉 라플라스적 세계관이 여기에 해당한다. 가역성을 강조하는 정지된 동역학적 기술은 '있음'과 관련시킬 수 있고, 이에 반해 비가역성을 강조하고 있는 열역학적 서술 방법은 '됨'과 관련된다. '됨의 세계'는 진화론적, 유기체적, 비결정론적이며, 이 영역에서는 열역학과 엔트로피 법칙이 적용된다. 즉 대칭을 파괴하는 선택 원리로서 열역학 제2법칙은 자연계에 대한 확률적이며 통계적인 해석을 낳게 되는 것이다. 엔트로피 법칙은 본래 자연은 질서로부터 무질서로 향하는 경향이 있다는 것이었다. 프리고진은 이 엔트로피 법칙을 비평형 통계역학 속에서 새롭게 발전시켜 질서에서 무질서가 나타나는 것보다는 무질서에서 질서가 나타나는 것이 보다 일반적인 자연현상이라고 주장하고 있다.

프리고진이 창안해낸 비평형 통계역학의 핵심적인 내용은 '소산 구조Dissipative Structure'와 '자기 조직화Self-Organization'에 대한

3장 아나키즘과 복잡계 이론은 어떻게 비슷한가 187

이론이다. 그에 의하면 평형으로부터 멀리 떨어져 있는 불안정한 비평형 상태에서 미시적인 '요동Fluctuation'의 효과로 거시적인 안정적 구조가 나타날 수 있는데, 이때 나타나는 안정적 구조를 소산 구조라 하고, 이런 과정을 자기 조직화라고 불렀다. 이외에도 프리고진은 분기 현상 혹은 두 갈래치기Bifurcation라는 메커니즘을 통해서 물리 세계에서 비결정론적 현상이 나타날 수밖에 없다는 것을 강조하고 있다.

프리고진의 사상은 유기체적인 측면을 강조하고 있다는 점에서 서양의 기계적 철학에 회의를 느끼고 동양의 신유학에 탐닉했던 조셉 니덤Joseph Needham의 사상과도 유사한 점이 많다. 프리고진 역시 중국 연금술에서 행해졌던 시간 조작과 연금술사들이 바탕으로 삼았던 노장사상에 많은 관심을 보이고 있다. 동양의 노장사상에서처럼 프리고진도 존재 그 자체를 시간과 독립된 정해진 현상으로 보는 것이 아니라, 혼돈적인 시간의 흐름 속에서 존재의 본질이 발현되는 것으로 보고 있다. 이렇듯이 프리고진은 자신의 비결정론적, 유기체적, 생태론적 세계관이 유기체적인 동양 사상과 유사하다는 것을 자신의 책에서 인정하고 있다.

한편 프리고진은 동양 사상뿐만 아니라 칸트I. Kant, 헤겔G. W. F. Hegel, 베르그손Henri Bergson, 화이트헤드Alfred N. Whitehead, 하이데거Martin Heidegger 등의 서양철학에서도 자신의 사상의 원류를 찾았다.(프리고진, 1993: 서문 참조)

아나키즘과 복잡계 이론의 상호성

아나키와 카오스

복잡계 과학의 연구는 카오스 이론에서 출발했다. 카오스의 발견이 보다 복잡한 세계, 즉 복잡계를 보여주는 창의 역할을 하였다. 카오스는 본래 우주의 질서, 전체의 질서 등을 뜻하는 그리스어인 코스모스의 반대말로 등장하였다. 따라서 카오스는 혼돈, 무질서, 무한이라는 뜻을 가지고 있다.

그리스 신화를 살펴보면 질서 정연한 우주가 생기기 이전의 커다란 혼돈, 즉 카오스의 상태를 인식하고 있다. 카오스로 인해 코스모스가 생겨났다는 것이다. 카오스는 단순한 혼돈이 아니라 생산성을 지닌 '질서를 낳는 혼돈'인 것이다.

카오스 이론은 현재의 완전성을 거부하고 혼돈을 통해 새로운 질서를 모색하며, 또 다른 혼돈을 기다리는 매우 불가역적인 역동적 이론이다. 이러한 카오스 이론의 특성은 그대로 아나키즘의 사상과 직결된다. 또한 아나키즘의 저항적 기질은 새로운 질서를 위한 카오스적 행위라 할 수 있을 것이다.

이상에서 본 바와 같이, 아나키즘의 특징은 복잡계 이론의 카오스적 요소와 밀접한 관계를 가지고 있다고 볼 수 있다. 새로운 질서를 창출하기 위해서 아나키는 카오스 단계를 필요로 하는 것이다. 또한 카오스로 가기 위해서는 아나키가 필요한 것이다. 아나키는 부정이고 저항이다. 부정과 저항을 통해 당연시되고 있는 현실을 혼돈시키고, 그 혼돈 속에서 새로운 질서의 창출을 꿈꾸고 있다. 그래서 아나키스트는 혼돈을 두려워하지 않는다고 볼 수 있다. 많은 사람이 권위와 타성의 누더기를 입는 것을 자연스럽게 받아들이고 있을 때, 그리고 누더기를 벗으면 느끼게 될 추위에 대한 두려움 때문에 많은 사람이 누더기 벗는 것을 주저하고 있을 때 아나키스트는 이를 거부하고 누더기를 벗어던진다.

아나키스트들의 행동은 마치 카오스 이론의 '나비 효과'나 '갈매기 효과'를 기대하는 것처럼 보인다. 그들은 자신들의 날갯짓이 새로운 질서를 창출하는 거대한 태풍이 되기를 바란다. 아나키스트들은 조직적 행동보다는 개인적 행동을 선호하는 경향이 강하다. 이것은 조직이 가지고 있는 권위적 성격에 저항감이 있기 때문이다. 개개인 또는 작은 공동체의 행동이 분자 혁명적 성격을 띠면서 새로운 질서를 만드는 '요동'이 되기를 바라는 것이다. 아나키스트들은 궁극적으로 아나키즘 자체를 부정하기도 한다. 아나키즘이 하나의 화석화된 교의Doctrine로 등장하면 그것 자체가 아나키즘을 거부하는 것이기 때문이다. 많은 아나키스트가 맑스 이론과 공산주의에 반대한 것은 그것이 가지고 있는 독단과 교조적 성격에 기인한 것이다.

결국 아나키즘은 요동을 통한 불연속적 진화를 전제하고 있다. 기계론적 패러다임에서는 세계의 변화를 기계가 개량되어나가는 것과 같은 연속적인 진보의 과정으로 파악하고 있다. 그러나 복잡계 패러다임에서는 세계의 변화를 병아리가 부화하는 것과 같은 불연속의 진화를 이룩하는 프로세스로 파악한다.

이러한 아나키즘의 카오스적 성격으로 인해 아나키스트는 '뒤 죽박죽으로 혼란된 설교자' 또는 '천진난만한 꿈의 옹호자'(Ritter, 1980 : 1)로 비춰지기도 한다. 반면 이러한 아나키즘은 다양한 이념을 함께 연결시킬 수 있는 규범적 교의로서 평가되기도 한다.(Apter, 1971 : 3)

자연론적 세계관과 자기 조직화

아나키즘의 자연론적 세계관에 기초한 여러 특징은 프리고진의 자기 조직화 이론과 맥을 같이한다. 자기 조직화가 자발적, 자율적, 자연 발생적 질서 형성이라는 것은 쉽게 상상할 수 있다. 자기 조직화는 외부의 명령이나 법칙에 의한 것이 아니라, 내부 규칙의 생성에 따른 자유롭고 자율적인 구조 형성이라고 할 수 있다. 개체의 자발성이 전체의 질서를 자연히 만들어낸다는 창발적인 특징이 바로 자기 조직화의 프로세스다. 이러한 자기 조직화의 프로세스에서는 설계와 제어의 기능을 무시한다. 설계와 제어는 기계론적 패러다임에서 나온 것이다. 이러한 자기 조직화 이론을 구체적인 사회 변화의 문제와 연결시켜 그 시사점을 살펴보고 이를 아나키즘과 연결시켜 논의해보고자 한다.

자기 조직화를 촉진하기 위해서는 두 가지 요소가 중요하다. 하나는 '미래 비전'의 창출이다. 자기 조직화의 프로세스에서는 미래는 결코 결정된 어떤 구체적인 모형이 아니다. 미래를 결정하는 것은 무엇보다도 상상력과 창조력을 구사해서 그려보는 미래에 대한 비전이다. 아나키즘이 상상력의 이념으로 평가받는 것도 같은 맥락이라 하겠다. 또 하나는 '요동'의 의식적인 도움과 활용이다. 요동은 자기 조직화를 위한 분기점이다. 어떤 형태의 요동이 세계의 진화에 필요한 것인가를 판단하는 것은 통찰력과 직관력이다.

세계를 바람직한 상태로 변화시키기 위해서는 생명적 프로세스가 지닌 자기 조직화의 다이내믹스, 특히 자기 조직화와 진화의 미래는 개방계라는 것을 이해해야 할 것이다. 그리고 상상력과 창조력을 전면 동원하여 풍부한 미래 비전을 그림과 동시에 현재의 세계에서 '요동'을 의식적으로 증대시켜 자기 조직화를 촉진시켜야 할 것이다.(히토시, 1997: 191~192)

이상에서 우리는 아나키즘의 사회 인식 체계의 기초라 할 수 있는 자연론적 세계관이 자기 조직화 이론에 바탕을 두고 있음을 알 수 있다. 그러나 '보이지 않는 손'이 자기 조직화하는 아담 스미스식의 자기 조직화는 결코 아니다. 아담 스미스식의 자기 조직화는 예정 조화론의 입장에 서 있는 것이다. 아나키즘과 복잡계 이론에서 미래는 결코 정해지지 않은 상태다. 복잡계는 개방계이기 때문이다. 아나키즘은 개방계적 성격을 지닌 복잡계에서 자기 조직화를 위해 계속 풍부한 상상력과 직관력을 발휘하면서 사회를 흔드는 요동을 획책하는 것이다. 따라서 아나키즘은 요동을 발생시키기 위해 적극적으로 카오스의 가장자리를 창출하고 있다고 볼 수 있다.

아나키즘 실천론과 복잡계 이론

복잡계 이론이 주는 여러 시사점과 아나키즘의 실천론, 전략론은 매우 밀접한 유사성을 가지고 있는 것으로 보인다.

아나키스트들은 격렬하게 현실을 비판하고 정열적으로 이상적인 가치를 지향하는 데 비해 그러한 가치를 실천하는 방법에 대해서는 미숙하고 어정쩡한 태도를 가지고 있다는 평가를 받고있다. 이와 같은 현상은 아나키스트들이 그 실천의 방법에 대해소홀해서라기보다는 그들의 사회 인식 체계에서 나온 자연스런현상으로 볼 수 있다. 즉 자연론적 세계관을 바탕으로 하여 자주적 개인과 공동체 지향을 내세우는 그들의 정의관은 인위적 혁명 조직과 전략 전술이라는 개념에 대해 본능적인 거부감을 가지게 만든 것인지도 모른다.

앞에서도 말했지만 아나키즘에 있어 사회혁명은 위로부터 명령되거나 조작될 수 있는 것이 아니라 대중의 자발적이고 계속적인 행동에 의해서만 일어나고 발전할 수 있다. 혁명은 '어두운 밤의 도적처럼' 닥쳐오며 '우발 사건의 힘에 의하여' 일어난다. 또한 혁명은 일반 대중의 본능적 의식의 깊은 곳에서 오랫동안 준비되고, 그런 뒤에 종종 일견 하찮은 이유로 촉진되어 폭발한다.

아나키즘이 제시하는 미래상의 모호함과 실제적 실천 방안의취약성은 복잡계 이론이 시사하는 바와 어떤 관계를 맺고 있는

가? 복잡계 이론에서 세계는 창조적으로 진화하는 열린 체계이다. 따라서 미래는 어떤 법칙에 의해 모형화되고 정형화되어 제시되는 고정 틀이 결코 아니다. 아나키스트들이 맑스의 유물사관에 의해 제시된 공산주의 이론의 경직성에 대하여 극렬하게 반대한 것도 이 때문이다.

복잡계 이론에서는 미래는 아직 오지 않은 개방계이고, 그 결과는 아무도 정하지 않았고 아무것도 정해지지 않은 상태다. 미래는 다만 자기 조직화라는 프로세스이다. 자기 조직화는 개체의 자발성이 전체의 질서를 자연히 만들어내는 창발적인 것이다. 따라서 중요한 것은 미래가 아니라 지금이다. 미래는 결코 예측의 대상이 아니라 창조의 대상인 것이다. 아나키즘의 미래 청사진이 모호한 것은 바로 이러한 성격 때문이라고 할 수 있다.

아나키즘의 실천 방안의 모호성도 이와 맥락을 같이한다. 복잡계 이론이 주는 시사점 중에서 제일 중요한 것이 세계를 설계하고 제어하는 것이 아니라 자기 조직화를 촉진하는 것이다. 기계론적 패러다임에서는 세계를 거대한 기계로 간주하기 때문에 세계를 변혁하기 위한 방법으로서 설계와 제어를 중시한다. 모든 정치 이념이 지니고 있는 전략 전술론은 바로 설계와 제어의 논리이다. 설계나 제어라는 발상은 우선 전체의 바람직한 모습에 관한 설계도를 그리고 그 설계도에 맞춰 개체를 전체 속에 위치시키고 배치해나감으로써 질서나 구조를 만들어낸다는 발상이다. 이것은 기계를 만들 때의 공학적 발상과 같은 것이다. 이와 달리 복잡계 이론의 창발성은 자기 조직화 프로세스의 중요성을 가르쳐준다.

또한 아나키즘의 실천론에서 항상 거론되는 것이 혁명 주체의 모호성이다. 그리고 조직의 중요성보다는 대중의 자발성과 자율성을 중요시 여기고 있다. 이러한 아나키즘의 실천론은 복잡계 이론과 매우 유사한 측면을 가지고 있다. 맑스 사상에서는 프롤레타리아트가 이론적으로 혁명 계급이다. 반면 아나키즘에서는 특정 계급이나 계층을 혁명 계급으로 한정시키지 않는다. 이것은 복잡계 이론에서 나타나는 '공진화Co-evolution' 현상과 맥락을 같이한다. 공진화란 각 요소나 주체가 서로 영향을 주고받으면서 진화해나가는 과정을 말한다. 생물 세계를 예로 들면 개개의 생물체가 모여 생태계를 형성하고, 그 생태계가 개개의 생물에 큰 영향을 미침과 동시에 반대로 개개의 생물이 생태계에 영향을 미치는 쌍방향의 관계가 성립되는 것과 같다. 따라서 혁명의 진화는 밑으로부터의 '보텀업Bottom-up'으로 이루어지는 것도 아니고 위로부터의 '톱다운Top-down' 현상도 아닌, 서로가 영향을 미치면서 이루어내는 창발성에 있는 것이다. 이렇게 아나키즘에 있어서는 여러 계층과 계급이 상호 영향을 미치면서 창발성이 형성되고 자기 조직화가 이루어지는 혁명론을 전개하고 있다.

여기서 자기 조직화를 촉진하는 것이 '정보 공명'이다. '공명'은 프리고진에 의해 자기 조직화되는 프로세스에서 나타나는 현상으로 밝혀진 바 있다. 시스템 전체의 상태에 관한 정보가 시스템 내부의 모든 개체에 전달되고 공유됨으로써 개체와 개체의 공명이 일어나기 쉬운 상태가 생기는데, 이것이 시스템이 자기 조직화를 수행해나가는 데 필요하다는 것이다. 즉 프리고진의 말은 정보 공유에 의해 개체와 개체가 공명함으로써 포지티브 피드백의 프로세스가 가속화돼 자기 조직화가 쉬워지는 것을 의미한다.

따라서 정보 공명의 시발점은 개체의 공명력이다. 아나키즘이 조직보다는 개인의 혁명력에 관심을 두는 것은 다른 이데올로기에 비해 매우 특이한 현상이라고 볼 수 있다. 작은 요동이 큰 변화를 가져오는 출발점이 되는 것이다. 이것은 카오스 이론의 나비 효과와 같은 것이며 소산 구조의 비평형 상태에서 나타나는 현상과 동일한 것이다. 바쿠닌이 혁명은 우발적인 사건의 힘에 의해 일어난다고 한 것은 이를 여실히 나타내는 것이다.

이상에서 말한 바와 같이 아나키즘의 전략 전술론은 복잡계 이론의 자기 조직화 과정이다. 아나키즘의 미래상도 결코 기획된 것이 아니며 자기 조직화를 통해 나타나는 열린 세계이다. 자기 조직화는 개인의 공명력을 통해 정보 공명의 과정을 거쳐 나타나는 것이다. 아나키즘이 조직보다는 개인에 관심을 두는 것은 이에 연유한다 하겠다.

마치며: 요동의 자기 조직화, 아나키즘

아나키즘은 자기 조직화를 위해 요동을 일으키고 새로운 질서를 창발시키려는 이데올로기라는 것을 알 수 있다. 작은 요동이 큰 변화를 이끌어 카오스의 가장자리에 서게 되고 이러한 대혼란 속에서 새 질서를 창출해내는 것이다.

근대 정치 이념의 형성은 근대 자연과학의 발달과 깊은 관계가 있다. 근대 자연과학은 뉴턴적인 요소 환원적 패러다임이었고, 정치 이념도 이에 영향을 받았다. 그 대표적인 것이 맑스주의이다. 뉴턴적인 요소 환원적 틀에서 볼 때 아나키즘의 내용과 실천론은 본능적이고 직관적이고, 체계가 없는 사상으로 평가받을 수 있을 것이다. 그러나 오늘날 뉴턴적 패러다임은 무너져가고 전일적, 생명론적 패러다임으로 대체되고 있다. 복잡계 이론은 전일적, 생명론적 패러다임에 입각하고 있다. 그리고 복잡계 이론과 아나키즘은 밀접한 상관관계를 지니고 있다. 오늘날 여러 영역에서 아나키즘이 새롭게 조명되고 있는 것은 많은 시사점을 던져주고 있다고 볼 수 있다.

그럼에도 불구하고 아나키즘이 정치 이념으로서 생명력을 유지할 수 있는지는 확신하기 어렵다. 아나키즘은 정치 이데올로기의 구조로 볼 때 매우 비정치적이다. 아나키즘은 실패를 통해 그 생명력을 유지하는 사상인지도 모른다. 아나키즘은 지하수와 같아서 어떤 계기적 맥락에 따라 지표면으로 분출했다가 다시 땅속으로 들어가 흐르기도 한다. 앱터는 아나키즘을 '분노를 자극하는 피뢰침'으로 묘사하고 있다. 그 피뢰침이 21세기 사회에 어떤 요동을 일으키고 지구촌이 새로운 자기 조직화를 일으키는 데에 어떤 촉매 역할을 할 것인지 귀추가 주목된다.

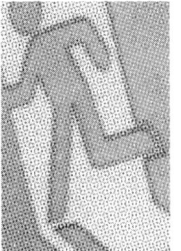

4장 생태 아나키즘의 한 모습: 사회 생태주의

사회 생태주의의 등장과 북친

사회 생태주의는 머레이 북친Murray Bookchin에 의해 제기되었다. 북친은 1921년 뉴욕의 맨해튼에서 가난한 러시아계 이민자의 아들로 태어났다. 그는 10대부터 주물 공장과 자동차 제조 공장 등의 노동자로 일하면서 자연스럽게 노동운동과 사회주의운동에 가담했으나 1930년대 후반에 와서는 사회주의운동의 권위주의적 성격에 환멸을 느끼고, 1937년의 스페인 내전에 간접적으로 참여하면서 아나키즘으로 기울었다. 아나키즘에의 경향성은 그후 북친 사상의 기본 틀로 작용하게 된다. 트로츠키L. Trotskii (1879~1940)가 살아 있는 동안에는 '미국 트로츠키주의 모임'에서 열성적으로 활동했으나, 역시 전통적인 볼셰비즘의 권위주의

에 실망하여, 1940년대에는 아나키즘으로 기운 전국자동차노동
조합UAW 활동에 깊이 관여하였다.

그는 20대부터 생태 문제에 깊은 관심을 기울였다. 1950년대
초엽부터 생태의 위기에 깊은 관심을 기울여 1952년 최초의 글
인 「음식물에 포함된 화학 첨가제의 문제점The Problem of Chemical
in Food」을 발표한 이후 많은 저서를 발간하였다.

그는 이론적인 작업에 그치지 않고 1956년, 영국의 핵폐기물
시설이 있는 윈저 스케일에서의 집단적인 암 발생과 기형 가축
사건에 참여한 것을 비롯하여 많은 실천운동에 참가했으며 특히
독일 녹색당의 창립에 공헌했다. 독일만이 아니라 세계 여러 나
라의 녹색운동이 그의 사상에 기초했다.

그는 1960년대 말부터 미국 최대의 자유 대학 중의 하나였던
뉴욕의 대안대학Alternative University에서 가르치기 시작했다(그
학교는 이후 뉴욕시립대학이 되었다). 1970년대에 와서 그의 사
상은 학계의 주목을 받기 시작했다. 그는 1974년, 미국 버몬트
주 플레인필드의 고다드대학에 사회 생태주의 연구소를 공동으
로 설립하고 같은 해 뉴저지 주의 라마포대학 환경학부에서 강
의를 시작했으며 이후에 각각 명예 소장과 명예교수가 되었다.
그리고 그해에 『도시의 한계The Limits of the City』를 발간했다. 여
기서 그의 사고는 도시 문제로 더욱 확대되었다. 1977년에는 『스
페인 아나키스트The Spanish Anarchist』, 1981년에는 『생태적 사회
를 향하여Toward an Ecological Society』, 1982년에는 『자유의 생태

학—계층의 발생과 소멸The Ecology of Freedom: The Emergence and Dissolution of Hirarchy』을 발간했다. 이 두 책은 그의 주저라고 할 수 있을 정도로 성숙된 모습을 보여주었다.

1986년에는 『현대의 위기The Modern Crisis』, 1987년에는 시민적 자치와 연합주의를 역사적으로 규명한 『근대 도시의 등장과 시민정신의 몰락The Rise of Urbanization and the Decline of Citizenship』, 1989년에 『사회의 재구성Remaking Society』, 1990년에는 『사회 생태론의 철학: 변증법적 자연주의 에세이The Philosophy of Social Ecology: Essays on Dialectical Naturalism』(2판은 1994년)를 발간하여 사상을 더욱 체계화했다.

이어 그의 고희를 기념하여 1991년에는 『지구의 수호: 머레이 북친과 데이브 포어맨의 대화Defending the Earth: A Dialogue between Murray Bookchin and Dave Foreman』, 1992년에 『도시 없는 도시화Urbanization without Cities』, 1994년에 『생태운동은 어디로 가는가?Which way for the Ecology Movement?』, 1995년에 『인간의 재마술화Reenchanting Humanity』를 펴냈다. 그는 현재 팔순이 넘는 나이이나 사회 생태주의 연구소를 비롯하여 세계 각국에서 열성적으로 강연 활동을 벌이고 있다.[1]

---

1) 북친의 생애는 박홍규가 번역한 『사회생태주의란 무엇인가』(북친, 1998)의 '역자 해제'에서 자세히 소개되고 있다.

그러면 북친의 사회 생태주의 형성 배경은 무엇인가?

사회 생태론자로서 그의 저술에 일관되게 나타나는 주제는 '생태 문제는 곧 사회 문제'라는 인식이다. '인간에 의한 자연 지배는 인간에 의한 인간 지배로부터 비롯된다'는 것과 '위계질서와 지배에 대한 비판과 해체가 현 생태 위기를 해결할 수 있는 유일한 길'이란 것이다. 이러한 주장은 1960년대 이후 그의 책 『우리의 종합적 환경』에서부터 두드러졌으며, 이즈음이 바로 사회 생태학이란 개념이 주조되던 시점이기도 하였다. 당시 미국 사회는 반문화주의적인 히피이즘이 젊은 층의 반향을 얻고 있었고, 베트남 전쟁으로 인해 반전 문화가 형성되어 있었다. 동일한 시기의 유럽을 살펴보면, 1968년 전 유럽에서 일어난 학생운동을 고양시킨 이론은 신좌파의 것이었다.

이를 배경으로 북친의 사회 생태론은 한편으로 자연 지배에서 인간 지배가 출발하며 사회 비판을 위한 분석의 초점을 자본주의와 국가, 계급에 맞추어야 한다고 주장하는 신좌파와의 대결을 겪어내야 했으며, 다른 한편으로는 반문화운동과 반전운동에 뿌리를 두고 있던 카프라F. Kafra 등을 정점으로 하는 근본 생태론(생물 중심주의), 하딘G. Hardin, 에얼리히P. Ehrlich 등의 신맬더스주의, 그리고 허만 칸Herman Kahn 등의 미래주의와의 대결을 치러야 했다.

이후 오늘에 이르기까지 이들과의 논쟁은 북친의 사회 생태론을 보다 치밀하게 만들어주고 있다. 1971년 발간된 『탈빈곤의 아나키즘』은 1964년 이후 발표해온 글을 모은 것으로, 현 생태 위기의 연원을 역사적인 위계 조직의 등장 과정으로부터 설명하고, 조화로운 생태 사회를 만들어낼 수 있는 수단으로서의 이성과 감성, 실천을 명료히 하려는 시도들로 점철되어 있다.

1970년대는 생태학의 시대라 불렸다. 이 시대의 명칭이 말해주듯이, 이른바 환경 관리주의적인 태도로부터 새로운 생태적 접근 방식으로 전환하라는 요구가 팽배해지던 시기였다. 이러한 요구는 1973년, 노르웨이의 과학철학자 안 네스Anne Naess를 중심으로 한 근본 생태론의 주창으로 본격화되었다. 여기에서 근본 생태론적인 접근이란 생태 철학, 생태 윤리, 그리고 인간과 합일된 자연 이미지를 바탕으로 하여 지배적이고 위계적인 사회를 비위계적인 협력의 사회로 전환시키자는 시각을 의미한다. 근본 생태론과 사회 생태론은 이러한 의미를 지닌 생태론적인 접근이란 틀 속에서 공존하고 있다.

근본 생태론자들은 현 위기의 근원을 근대 문명의 실재론과 이에 기초한 가치관에 돌리고 있다. 이들은 근대의 실재론을 인간과 자연을 분리시키는 이원론과 기계론, 인간중심주의로 기술하는데, 이러한 실재관은 데카르트와 뉴턴, 베이컨에게서 기원한다. 특히 이원적 실재론에서 '자연은 자원의 집합소'에 불과하며, 인간은 나머지 자연 개체들과는 분리되어 그것들 밖에 있거나 초월하거나 위에 있는 존재이다. 이로부터 인간중심주의가 자명하게 형성되고, 인간에 의해 자연은 조작 가능하도록 분할

되고 기계처럼 조합되었다.

이렇게 이원적이고 인간 중심적인 실재관에서 비롯된 위기를 어떻게 극복할 것인가? 그 대안은 생물 중심적인 실재관으로 전환하는 것이다. 바로 이 점이 북친에게는 처음부터 그리고 가장 못마땅한 부분이다. 근본 생태론자들은 생물 중심주의로의 전환만이 현 사회 체제의 질적 가치를 회복시켜주고, 나아가 규범성을 확립해줄 수 있다고 주장한다. 생물 중심주의로의 전환은 곧 전일적이고 유기적인 새로운 패러다임으로 전환하는 것을 의미하는 것이다.

북친의 근본 생태론에 대한 비판은 한마디로 이들이 가지고 있는 생물 중심주의와 반인본주의를 거부하는 것이다. 북친이 가장 경계하는 것은 근본 생태론자들의 이성에 대한 전면적인 비판과 거부이다. 북친은 생물 중심주의에 나타난 반인본주의를 거부하고, 생물권 민주주의라는 것이 실제적으로 에코 파시즘으로 전락했고 영성적인 기계론으로 변화해버렸다고 비판하면서 사회 생태주의를 제창한다.

사회 생태주의의 철학적 기초: 변증법적 자연주의

사회 생태론의 핵심 메시지는 '현 시대의 생태 문제가 사회 문제로부터 야기되었다'는 것이다. 북친은 이 메시지에 대한 근본 물음, 즉 '생태 문제 틀과 사회 구조 그리고 사회 이론을 어떻게 유기적으로 결합시켜 사유할 것인가'라는 물음을 다루고 있다. 이에 대한 북친의 답은 변증법적 자연주의 또는 생태적 변증법이다. 즉 사회 생태론의 철학적 기초는 변증법적 자연주의이다.

북친은 『사회생태론의 철학』(북친, 1999)의 「서문: 철학적 자연주의」에서 변증법적 자연주의를 집중적으로 다루고 있다. 북친에게 있어 생태 문제 틀은 인간과 자연 관계에 대한 물음에서 시작된다. 그러나 이 물음은 자연이란 무엇인가, 물질인가 아니면 정신인가에 관한 것이 아니라, '어떻게 자연과 인간 사회가 조화를 이루어야 하는가'에 관한 것이다. 그래서 그에게 중요한 것은 인간의 자연에 대한 해석이고, 사회 생태학의 자연관은 자연에 대한 해석과 인간 사회의 관련성에 관한 물음으로부터 출발하고자 한다. 사회 생태론의 자연에 관한 물음은 자연을 해석하는 과정에 관여하는 인간의 인식 능력이 무엇인가에 대한 물음과 맞물릴 수밖에 없다. 곧 자연에 대한 정의는 이면에 인간에 대한 정의를 함께 가지고 있는 것이다.

이렇게 정의된 자연은 특히 「생태적으로 사고하자」에서 집중적으로 논의되고 있다.(북친, 1999: 136~192 참조) 여기서 북친은 자연을 "참여적 진화로서의 자연"이라고 칭한다. 그에게 자연은 종들의 자유로운 자기 선택에 의한 진화 과정 그 자체이며, 진화 과정은 유기체적이고 발전적이고 변증법적이다. 진화 과정 자체가 발전적 또는 진보적이라는 것은 시간의 흐름과 진화의 과정을 통해 자연이 "보다 많은 자유, 자아 의식, 협력의 방향으로 분화되어가는 것"을 말한다. 생명을 스스로 조직하는 능력이라 칭했을 때, 자연은 자기 조직화의 능력이 보다 커짐을 의미한다고 할 수 있을 것이다. 그래서 자연은 시간의 탄생과 더불어 단순한 것에서 복잡한 것으로, 추상적이고 동질적인 것에서 특수하고 분화된, 궁극적으로는 보다 큰 개체성과 자유로운 자아의 형성으로 움직이는 과정 자체이다.

참여적 진화 과정으로서의 자연은 크게 일차 자연, 이차 자연 그리고 자유 자연으로 나누어질 수 있다. 세 개의 자연은 별개로 구분되고 단절된 것이 아니다. 세 자연은 과정적인 연속체로 개별화되어 있는 동시에 공존한다. 즉 이들 간의 관계는 누적적이면서 동시에 각각 자기 자신의 독자적인 권리와 영역을 가지는 관계이고 나아가 자신의 영역을 창조해가는 존재들 간의 관계이다. 일차 자연은 내적인 동력에 의해 진화하고, 이 과정을 통해 이차 자연이 등장하는데, 북친이 의미하는 이차 자연이란 독특하게 발달된 인간 문화 전반, 즉 "다양하게 제도화된 인간 공동체 유형들, 예를 들면 효율적인 인간 기술, 풍부한 상징 언어, 그리고 주의 깊은 식품 관리 등"을 이르는 개념이다. 특히 세 번째의 자유 자연은 아직 실현되지 않은 것으로, 대안 사회인 생태 사회에서 이차 자연의 고통을 극복한 상황에서 도달된 자연관이다.

그러므로 참여적 진화 과정으로서의 자연은 다산성·다양성의 증대, 생물종 간의 상보성,그리고 생활 형태를 분화시키는 끊임없는 능력을 특징으로 한다. 이렇게 참여적 진화 과정으로서의 자연 속에서 생물종의 미래는 외삽적인 방향에서 결정되는 그런 목적론적인 자연관과는 다르다.

참여적인 진화관에서 자연의 세계는 강자에 의한 약육강식이 지배하는 그런 필연의 세계도 아니다. 자연은 자유로운 생물종의 공동체가 주체로 모여 사는 시공간 구조 자체이며, 특히 공간적인 측면에서 생물종은 모두 동등한 참여자로서 자신의 위치를 가지고 서로에게 영향력을 행사하기도 하고 의존하기도 하는 공생의 삶을 살아간다는 것이다. 이러한 자연관은 현대의 생태 환경론자에게 제일 많은 영감을 주고 영향을 미친 고전 아나키스트인 크로포트킨의 사상과 맥을 같이한다. 또한 아나키스트 헨리 소로우의 체취도 풍긴다.

사회 생태론이 인간을 재발견하는 과정은 앞에서 말한 자연 진화의 창조 과정과 연결되어 있다. 따라서 이러한 진화 과정에 대한 이해 없이는 인간에 대한 이해가 올바를 수 없으며, 또한 인간이 지닌 독특성도 발견해낼 수 없는 것이다. 이렇게 진화의 과정 가운데에서 재발견된 인간은 잠재화된 자유와 주관성의 영역이고, 자연 진화의 가장 자의식적이고 자기 성찰적인 표현이다.

그러므로 인간과 자연 간의 관계에서 인간의 주된 특징은 이성을 지닌다는 것이다. 그런데 바로 이 점에 근본 생태론과 북친의 사회 생태론의 분할 축이 있다. 북친은 인간의 이성을 끝까지 포기하지 않는다. 그러나 근대 탄생 이후 각종 해악을 저지른 이성과는 선을 긋는다. 북친은 해악을 저지른 이성을 도구/관습 이성이라 부르는 한편, 자신이 인간에게서 보는 대안으로서의, 추론적 인식 능력으로서의 이성은 변증법적 이성이라 부른다. 북친에 따르면, 전자와 후자의 차이는 이성을 균질적으로 보는가 아니면 비균질적으로 보는가에 달려 있다. 전자는 이성을 대단히 균질적인 능력이라고 상정하지만, 후자의 이성은 비균질적인 것으로 자신을 전제한다.

이성이란 포괄적으로 말하자면 논리적인 추론을 끌어낼 수 있는 능력을 말한다. 도구 이성이 이 추론 과정을 파편화되고 분리된, 고정된 세계를 전제로 하여 경험된 것들에 국한시킨다면, 변증법적인 이성은 '현재 있는 것'과 '있어야만 하는 것'을 대비시켜 사고하는 능력이다. 그래서 변증법적 이성은 고정된 세계를 설명하기보다 과정의 성질을 설명하는 데 적합하다. 사실 북친이 생각하는 도구 이성이 야기한 폐해는 진화·발전하는 현실 세계의 흐름을 포착하지 못하였다는 것과 나아가 이 과정이 야기하는 질적인 차이를 양적인 것으로 치환시켜 균등화시켰다는 것이다. 이러한 폐해에도 불구하고 그의 변증법적인 이성은 관습/도구 이성을 부인하지 않고 자신의 한 부분으로 갖는다. 왜냐하면 생태 문제가 바로 관습/도구 이성에 의해 야기된 것이라 해도, 역사를 통해 이러한 이성이 행한 긍정적인 일 모두를 부인할 수 없기 때문이다. 이러한 이성은 여전히 다리를 놓는다거나 공학적이고 수학적인 계산 등을 할 때 자신의 자리를 주장할 수 있다.

인간과 인간 이성에 대한 북친의 논의는 역사, 문명 그리고 진보에 대한 논의와 깊은 관련성을 가진다. 이러한 내용은『사회 생태론의 철학』의「역사와 문명, 진보」(북친, 1999: 193~232 참조)와 1995년에 출간된『인간의 재마술화』[2]에 집약되어 나타나고 있다.

사회 생태주의의 아나키즘적 특징

참여 자치의 공동체 구현

참여 자치의 공동체 또는 리버테리언적 지역 자치주의Libertarian Municipalism의 구현은 사회 생태론이 지향하는 사회의 중요한 핵심이다. 이것은 많은 현대 아나키스트가 커다란 관심을 두고 전개하는 자주공동체운동과 맥을 같이한다. 이 공동체운동은 수평적 조직을 바탕으로 한 소규모적이고 자치적인 성격을 띠고 있다.

북친은 사회 생태론의 철학적 기초인 변증법적 자연주의에서 참여 자치제의 이론을 도출하고 있다. 변증법적 자연주의에서는 역사 자체가 해방적 잠재력을 실천하기 위해 발전하고 있다고 본다. 그리고 자유 자체가 해방적인 의미를 갖는 것으로서, 이에

---

2) 이 책은『휴머니즘의 옹호』(북친, 2002)라는 제목으로 번역, 출판되었다.

걸맞은 정치체제는 참여의 원리에 근거를 둘 수밖에 없다고 본다. 자유 자체로서의 생태 윤리와 참여의 원리는 기존 사회에 관통하고 있는 지배와 위계질서를 철저히 부정한다.

생태 문제는 사회 문제이며, 그 원인은 위계 구조와 지배에 있다는 사회 생태론의 이론은 사회의 모든 영역으로 확장된다. 그것은 정치제도뿐만 아니라 우리의 의식, 경제 제도, 생활양식, 그리고 삶의 의미에 대한 해석 등에 확산적으로 적용된다. 『자유의 생태학』과 『근대 도시의 등장과 시민정신의 몰락』, 『사회의 재구성』에서 그는 특히 가족, 정치 그리고 국가의 등장을 역사적으로 탐구하고 이를 통해 현재와 같은, 통치가의 게임으로 전락한 정치의 왜곡화 현상을 분석하고 있다.

참여의 정치는 국가의 힘에 초점을 두는 것이 아니라 일반 민중 자신의 힘을 기르는 데 역점을 둔다. 그러므로 참여의 정치는 민중화된 정치이고 생태 공동체를 기반으로 한다. 생태 공동체는 단순히 공적인 합의를 제공하는 것으로 국한된 것이 아니라 자유로운 사람들을 산출하는 사회·정치적인 실천의 산실이 되어야 한다. 이러한 생태 공동체를 단위로 하는 참여 정치는 궁극적으로 지역적·소규모적 정치 제도를 지향하는 것이다. 그 이유는 시민이 지역사회를 통제할 수 있는 힘을 갖도록 하기 위해서이다. 이를 위해 사회 생태론의 정치 논의는 기존 정치에 대한 비판, 대안의 모색, 정치 공동체의 성격 논의, 그리고 이에 도달하기 위한 전략, 전술로 구성되어 있다.

특히 대의제 민주주의에 대한 반감과 직접민주주의에 대한 동경이 두드러진다. 민주주의가 대의제적 성격을 강하게 가질수록 정치는 단기적이고 직접적인 이해관계에 의해 강력히 묶이게 마련이다. 아나키스트는 투표용지에 의한 해방을 신용하지 않는다. 일찍이 고전 아나키스트인 프루동과 바쿠닌에 의해, 그리고 현대 아나키스트인 볼프에 의해 대의제 민주주의의 허구성이 제기된 바 있다.

대안 공동체로 사회 생태론은 주권의 위임이 아닌 양도 형식의 참여 민주주의적 대의원 제도와 연방제 구조를 가진 소규모의 직접 정치를 지향하고 있다. 이러한 정치 공동체의 원리는 자연 공동체에서 나온 것인데, 자연 공동체는 자연 자체에 기반하는 것이고, 자연은 자유로운 생물종의 공동체들이 진화하여 모여 사는 곳이다. 자연적 시간 속에서 생물종의 미래는 자신에 의해 스스로 결정되는 것이고 그런 의미에서 이들은 자유롭다. 자연의 공간에서 생물종은 모두 동등한 참여자로 자신의 위치를 가지고 있으며, 서로에게 영향력을 행사하기도 하고 의존하기도 하며, 네가 없으면 내가 있을 수 없고 내가 없으면 네가 있을 수 없는 공생의 삶을 살아간다. 이러한 사상은 아나키즘 정의론의 핵심인 자연론적 사회관에서 생성된 것으로 볼 수 있다.

참여와 공생의 자연관은 새로운 사회 구성의 원리, 즉 다름이 동등함의 근거가 되는 원리 그리고 모든 구성원의 참여가 정당하게 인정되는 원리를 제공해준다. 또한 이 원리는 기존 사회에 관통되어 있던 지배와 위계질서를 비판하고 변경할 수 있는 패턴을 제공해주고, 기존 위계질서와 권위를 부정하도록 해준다.

따라서 사회 생태론의 운동 전략은 기존의 정치 세력과의 협력이나 국가기구 활용을 거부한다. 이처럼 사회 생태론이 국가 제도 안으로의 개입을 거부하고, 정당과 노조 단체의 활동을 거부하는 것은 새로운 의식과 새로운 생활양식에 의거한 새로운 운동의 건설로 이어진다. 이러한 사회 생태주의에 나타난 참여 자치의 공동체 구현은 바로 아나키즘의 이상이다.

생태 친화적 도덕 경제의 실천

북친을 비롯한 사회 생태론자의 일관된 논지는 자연 환경과의 지속적 균형을 보장해주는 인간 공동체의 창출 없이는 인간과 자연의 조화가 불가능하다는 것이다. 이들에 의하면 환경오염과 자원 부족이라는 지구의 한계는 기존 시장경제의 비도덕성과 기술의 반문화성에서 비롯된 것이다. 따라서 앞으로 대안 경제는 시장경제의 비도덕성을 극복할 수 있는 것이 되어야 한다. 또한 생산자와 소비자 사이의 익명성이 극복되어야 하고, 인간 개개인이 수요와 소비 개념을 재정립하여야 한다. 이것은 생태 정합적 과학과 기술을 만들어내는 것과 밀접한 관계를 맺고 있다. 따라서 사회 생태론자들의 시각에서 보면 생태 친화적 경제는 시장경제사회에서는 실천 불가능한 것이다.

1984년에 쓴 『시장경제인가 아니면 도덕 경제인가』를 통해 북친은 시장경제의 비도덕성을 신랄하게 비판한다. 그에 따르면 시장 경제가 도덕성을 잃어버리게 되는 주된 동기는 시장의 익명성에서 비롯된다. 익명성 아래서 상품의 본래 의미인 사용자에 대한 본래적 성격의 상실은 생산의 목적과 이념도 사라지게 했다는 것이다. 익명성의 등장과 본래적 성격의 상실은 시장경제가 도덕, 윤리와 스스로를 분리시키면서 시작되고, 사회는 시장경제의 손익 계산 방식에 의해서 지배되면서 시장 사회로 변화되고 만다는 것이다.

사회 생태론은 현 생태 위기의 극복을 소비주의의 근절에서 찾고자 한다면, 현존하고 있는 소비 개념을 다시 정의해야 한다고 말한다. 왜냐하면 일상적으로 사용하는 소비 개념은 생산 과정의 최종 단계로서의 상품 소비에 한정되기 때문이다. 자연과 인간을 하나의 유기적 통합체로 설정하는 한, 생산물의 최종 단계로서의 소비 개념은 너무 협소한 것이다. 대안으로서의 소비 개념은 생산 사이클의 전 영역으로 확장되어 정의된 것이어야 하고, 그 주된 소비의 모습은 자연에서 원료를 가져오는 곳에서 발견되어야 한다. 이렇게 될 때, 사회 생태론의 소비주의 비판은 자연에 인간 행위가 가하는 생산 과정(노동 과정)까지도 소비의 영역에 포함시키는 것으로 확대된다. 소비주의에 대한 통제는 최종 생산물의 소비와 자연 폐기에 대한 통제뿐만 아니라 생산 단계에서의 생산품 종류와 수량, 그리고 단위 생산물당 투입 원료 양에 대한 통제까지 포함하고 있다. 사회 생태론은 소비주의

212

와 비도덕성을 만연시키는 자본주의적 산업주의를 해체할 것을 요구한다. 그리고 생산물의 종류와 재생산의 개선을 역설한다.

이러한 사회 생태론자의 논의는 슈마허의 사상과 상통한다. 슈마허는 『작은 것이 아름답다』의 저자로 잘 알려져 있다. 그는 미얀마에 재정 고문으로 파견되면서 동양의 영적 세계에 눈을 뜨게 되었으며, 물질주의 사상에 찌든 서양 문명이 처한 위기를 인식하게 되었다.

슈마허는 저발전국 경제 발전 계획이 현대 서양의 첨단 기술체계와 도시화 문명을 그대로 도입해서는 안 된다고 역설한다. 그는 20세기 서양 사회의 종교가 되어버린 경제학이 현대사회의 문제를 해결해주는 것이 아니라 도리어 잘못된 방향으로 유도하고 있다고 주장한다. 그는 경제 논리에 지배받지 않는 영원의 가치 차원이 존재한다는 것을 발견함으로써 거대 자본의 효율성 논리에 억눌린 인간다움을 다시 살려내자는 신념을 강하게 나타내고 있다. 사람과 사람 간의 친밀성과 서로에 대한 진정한 봉사 정신이 숨쉴 수 있는 토양을 만들어야 한다는 것이다. 즉 도덕 경제체제를 구현하자는 것이다.

북친이 근본 생태주의를 비판하면서 근본 생태주의에 있어 큰 줄기 역할을 하고 있는 동양 사상에 대해 불편한 심기를 드러내고 있는 것을 감안한다면, 그와 슈마허를 같은 항목에 묶는 것이 어색할 수도 있을 것이다. 슈마허는 「불교 경제학Buddist Economics」이라는 논문을 쓸 정도로 동양의 정신에 매료된 사람이기 때문

4장 생태 아나키즘의 한 모습: 사회 생태주의 213

이다. 그럼에도 불구하고 북친의 경제적 대안은 슈마허와 그 궤도를 같이하는 것으로 보인다. 소비주의와 비도덕성을 만연시키는 자본주의적 산업화의 위험성에 대해 그들은 같은 생각을 하고 있기 때문이다.

글을 마치며

지금까지 사회 생태주의 형성 배경, 그 이념적 특징 및 윤리적 성격을 살펴보았다. 사회 생태주의는 아나키즘을 이념적 배경으로 하고 변증법적 자연주의를 철학적 기초로 하여 이론을 정립시키고, 이를 바탕으로 윤리적 과제를 제시하고 있다.

사회 생태주의는 근본 생태주의가 가지고 있는 추상성을 극복하고, 생태 문제를 사회적인 문제로 보고자 하는 데서 출발하였다. 즉 자연과 인간을 지배하고 억압하고 착취하는 구체적인 사회제도와 관행을 변혁해야만 지구촌의 환경 위기를 극복할 수 있다는 것이다. 환경문제를 사회 문제와 분리하여 접근하는 것은 환경 위기의 원인을 왜곡시킬 뿐이며, 인간에 의한 인간의 지배에서 환경문제가 야기된다고 주장한다. 즉 사회에 존재하는 계층화, 계급화와 위계 구조 그리고 이들 사이의 지배-피지배라는 사회적 환경이 환경 위기를 초래했다고 본다.

북친은 오늘의 환경 위기를 극복하기 위해서는 자연과 인간 사회 모두에게 최대의 자유 영역을 보장해주어야 한다고 주장한다. 북친이 추구하는 생태 윤리는 바로 에코 아나키즘의 사회를 이룩하는 것이다. 이러한 사회는 인간에 의한 인간 지배의 제거를 통해 인간의 자연에 대한 지배를 종식시킴으로써 이루어진다. 그 결과는 진정한 의미의 자유 확보와 인간과 자연의 하나됨이다. 이것은 본문에서 상술한 아나키즘의 이론이 사회 생태론과 결합한 것이다.

에코 아나키즘 사회를 구현하기 위한 과정을 설명하기 위해 변증법적 자연론이 사회 생태론의 철학적 기초로서 등장하게 된다. 자연은 생태계의 법칙에 따라 변화성, 복합성, 상보성, 자발성을 향해 변증법적으로 발전해가는 것으로 간주된다. 그리고 이러한 자연 과정에는 참여와 진화라는 기본 원리가 작용한다. 이러한 기본 원리에 의해 참여 자치의 공동체와 생태 친화적 도덕 경제의 실천 문제가 나온다.

그러나 사회 생태주의에도 여러 가지 비판이 가해진다. 먼저 인간의 능력에 대해 너무 낙관적이라는 것이다. 즉 인간을 너무 계몽된 존재로 인식하고 있다는 것이다. 또한 사회 생태주의자가 제시하는 생태 공동체가 지나치게 이상적이라는 비판이 있다. 그럼에도 불구하고 사회 생태주의에서 환경문제를 해결하기 위하여 사회의 윤리화를 주장한 것은 매우 의미 있는 것이라 생각된다.

5장 아나키즘이 불교와 닮았다?

아나키즘에 대해 관심을 갖고 공부를 하는 과정에서 기묘하게 생각된 것은 아나키즘의 사유 양식이 불교와 많이 닮았다는 점이다. 어디가 어떻게 닮았는지 정확히 찾아내기는 어렵지만 어딘가 닮았다는 느낌을 받아왔다. 이것은 분석적인 것이 아니라 직관적인 것에 바탕을 둔 그 어떤 느낌이다.

이 글에서는 직관을 넘어 좀 더 구체적으로 불교 사상과 아나키즘 사이에 어떤 유사성이 있는지를 살펴보고자 한다.

무집착의 논리

아나키즘에 관한 연구를 하면서 항상 느끼는 것은 아나키즘이 논리의 벽을 뛰어넘으려는 시도를 계속하고 있으며, 어떤 면에서는 논리 자체를 파괴하려는 것처럼 보이기도 한다는 것이다.

이러한 아나키즘의 특성은 서양 문명이 창출한 근대의 이념적 특징과는 매우 다른 것이다. 근대 서양 문명의 기조는 '과학'과 '이성'이라는 두 기둥을 바탕으로 하고 있다. '신'을 대체하는 또 다른 신으로서 과학이 등장하였고 이것은 인간이 이성이라는 그 무엇을 가졌다는 자신감과 밀접한 관련을 갖고 있다.

과학과 이성에 바탕을 둔 사유는 합리성이란 것을 강조하게 되고 이것은 동시에 논리의 중요성을 강조하게 된다. 프랑스혁명의 와중에서 생성된 이데올로기라는 용어도 'idea'와 'logic'의 합성어로서, '관념의 과학'으로 등장한 것이다. 우리는 과학과 논리의 틀로 무장한 대표적인 이념으로 맑스주의를 들 수 있다. 아나키스트들이 논리를 의식적으로 무시한 것은 아니지만 논리가 가지고 있는 여러 문제점을 인식하고 있는 것은 사실로 보인다.

아나키스트들이 그들의 사상을 표상하는 용어로 아나키를 선택한 것도 논리에 도전한 것으로 나는 느끼고 있다. 그 당시 아나키란 용어는 반대자를 비난하기 위한 언어였고 또한 욕설이었다. 아나키란 말은 무질서, 혼돈, 혼란의 동의어로서 경멸하는 뜻으로 사용되었다. 그러나 프루동은 아나키란 용어를 혼란과는 전혀 반대되는 뜻으로 사용하면서 그의 사상을 표상하는 용어로 등장시켰다. 혼란을 조성한 책임은 권위적인 통치 기구에 있으며, 통치하는 기관이 없는 사회만이 자연스러운 질서와 사회의 조화를 회복할 수 있다고 그는 생각하였다. 프루동은 아나키란 용어의 이중성을 통해 논쟁의 허구성을 조롱하는 것처럼 보였다.

5장 아나키즘이 불교와 닮았다? 217

이렇게 근대적 아나키즘의 창시자들은 용어의 허구성을 잘 알고 있는 것으로 보인다. 용어는 결코 현실 그 자체가 아니고 현실을 추상화시킨 것으로 볼 수 있다. 이데올로기는 우리가 현실 세계를 설명하기 위해 고안해낸 언어적 상징이다. 이러한 언어적 상징과 현실 자체를 혼동하면 이데올로기는 절대적 가치로 등장하여 인간을 질식시킬 것이다.

언어적 상징은 거의 논리라는 틀로 무장되어 등장한다. 논리는 어디까지나 방법론에 지나지 않는다. 대개의 사람들은 어떤 것이 논리적이면 참이고, 비논리적이면 거짓이라고 생각하기 쉽다. 그러나 역사상 비논리적인 것이 참으로 밝혀진 경우가 얼마나 많은가.

나는 과학으로 표상되는 합리성과 논리 그리고 언어의 의미에 도전하는 아나키스트의 태도를 보면서 아나키즘이 불교의 사상과 많이 닮았다는 느낌을 받는다. 노자의 사상과 아나키즘의 유사성에 대해서는 많은 식자들이 언급하고 있다. 그러나 나는 오히려 불교와의 유사성에 더 비중을 두고 싶다. 그 이유가 무엇인가에 대해서는 직관적으로 느끼는 부분이 많아서 구체적 언어로 표현하기에는 두려움이 앞선다. 마치 화두를 언어로 해석하여 오히려 화두를 죽이는 어리석음을 범하게 되는 것처럼 말이다.

내가 아나키즘이 불교와 닮았다는 느낌을 받게 된 것은 순수 직관의 지혜를 강조하는 반야의 사상, 불립문자적인 선불교의 특성 등으로부터 영향을 받아서가 아닌가 생각된다.

권위에의 저항과 자아의 구현

아나키스트들은 어느 누구보다도 자신을 반항자로 규정하고 있다. 그들은 일체의 신성한 것에 속박되지 않고 무수한 우상을 파괴한다. 이것은 아나키스트의 개인의 자율성과 자주성의 강조에 기인하는 것으로서 지극히 자연스러운 현상으로 볼 수 있다. 개인주의적 아나키스트들은 그들 자신보다 우월한 어떤 존재도 인정하지 않는다. 그리고 신적인 것이든 인간적인 것이든 강제적 규율과 권위에 저항한다. 이것은 구체적으로 통치 기구와 교회에 대한 혐오감으로 나타난다. 아나키스트들이 현대 국가에 의해 수행되는 비권력적 기능까지 부인하는 것은 아니다. 그러나 그러한 기능이 국가에만 적합하다는 데는 반대한다.

여기서는 상론할 수 없지만 오늘날 많이 거론되는 시민사회론은 아나키즘과 밀접한 연관을 맺고 있으며, 참여 민주주의 이론과 신사회운동과 연계되어 아나키즘의 부활로 평가되기도 한다.

19세기의 아나키스트들은 통치 기구에 대한 비난만큼이나 교회에 대해 신랄한 비판을 가하고 있다. 그들은 종교적 권위와 정치적 권위는 상호 작용을 하는 것으로 보면서 "진정한 사회 해방의 제일 선결 조건은 국가와 교회의 폐지이다"라고 선언하였다. 왜냐하면 영적 지도자와 세속적 지배자 양측에 대한 복종과 공손의 이데올로기를 선전하기 때문이라는 것이다. 왕권신수설에 가장 분명히 나타나듯이 세속적 지배자들은 그들의 권력을 정당화하기 위해 종교에 의지하는 경우가 많았다.

그렇지만 아나키스트들이 종교적 영향을 전혀 받지 않은 것은 아니다. 그들은 인간 본성에 대해 매우 영적인 개념을 가지고 있다. 예컨대 자기 발전의 무제한적 가능성, 그리고 인간과 살아 있는 모든 것을 통합시키는 유대에 대한 믿음을 가지고 있다. 현대 아나키스트들이 여러 종교의 아나키즘적 요소에 대해 많은 관심을 갖는 것도 이에 연유하는 것이라 하겠다.

이상에서 말한 바와 같이 아나키스트들은 기존의 굴레를 깨면서 개인의 자주성과 자아 구현을 위한 몸짓이 매우 격정적이다. 내가 이러한 면에서 아나키즘과 불교의 유사성을 느끼는 것은 내가 불교를 이해하는 틀과 밀접한 관계가 있다.

아나키즘 사상 안에서 나는 해탈의 맛을 느낀다. 불교의 해탈과 아나키즘의 그것을 비교하는 것은 마치 바닷물의 짠맛과 간장의 짠맛을 비교하는 것과 같겠지만 그래도 그 둘이 유사하다고 느낀다. 또한 나는 불교가 지구상의 종교 중에서 제일 저항적인 종교이며, 제일 권위를 싫어하는 종교라고 생각한다.

자연론적 세계관과 생태주의

아나키즘의 자연론적 세계관과 생태주의적 성격에서는 동양적 체취가 물씬 풍긴다. 동양의 세계관과 자연관은 직관에 바탕을 두고 있을 뿐 과학적 근거가 없는 것으로 비판받아왔다. 그러나 양자역학을 비롯한 현대 물리학의 여러 이론은 동양적 자연관과 유사하다는 평가를 받고 있다. 특히 불교의 자연관과 우주관이 현대인의 삶의 양식에 주는 의미는 매우 예언적이다. 불교는 모든 실상이 무상하다는 깨달음에서 출발한다. 삼라만상이 생겼다 사라지며 유전하고 변화하는 것은 우주와 생명의 근원적인 모습이다. 그러므로 인간의 번뇌는 움직이고 변하는 세계를 그대로 받아들이지 않고 고정된 현상과 관념에 집착하는 데서 생긴다고 본다. 불교는 주객을 분리하여 생각하는 것을 분별지分別知라 하여 이것을 배척하고 비유비무非有非無의 중도의 논리를 내세워 주객의 통일의 경지를 나타내는 무분별지를 주장한다. 이러한 내용은 불교의 전일적 우주관, 우주론적 자연관을 단적으로 표현한 것으로 볼 수 있겠다.

이러한 불교의 전일적 세계관, 우주론적 자연관이 인간 중심의 패러다임을 거부하는 것은 지극히 자연스러운 것이다. 근래에 서구에서도 이러한 자각이 일어나고 있다. 레오폴드Aldo Leopold는 '대지의 윤리'를 주장한다. 그는 이것을 '도덕 공동체의 확장'으로 해석하면서 종래의 인간 중심의 윤리를 모든 생물과 무생물에게까지 그 범위를 확대하자고 주장한다. 지구를 살리는 환경 윤리의 정립에 불교가 주는 의미는 참으로 심대하다.

나는 아나키즘을 연구하면서 불교 사상이 현세적인 정치 이념으로 현신한다면 상당 부분이 아나키즘과 유사하지 않을까 하는 느낌을 갖곤 했다. 오늘날 아나키즘은 유토피아로 등장하고 있는 것이 아니라 구체적인 현실 대안으로 등장하고 있다. 21세기 사회의 특성과 관련하여 아나키즘적 사유의 틀은 여러 영역으로 확산되고 있다. 아나키즘의 존재 여부를 인식하든 인식하지 않든 간에 아나키즘적 사유의 틀은 정치, 경제, 사회, 문화 등 여러 영역에 영향을 미치고 있다.

오늘날 정치 이념으로서의 아나키즘은 해체되었는지도 모른다. 왜냐하면 자본주의에서부터 사회주의에 이르기까지 많은 영역에서 아나키즘적 사유의 틀을 차용해갔기 때문이다. 오늘날의 아나키즘은 정치 이념이라기보다는 생활양식과 사회운동적 차원에서 더욱 의미가 있다 하겠다. 사실 아나키즘은 생성될 때부터 가장 비정치적인 이념으로 평가되어왔다.

21세기를 전망하면서 불교의 사회적 역할과 사명에 대해 진지하게 탐구할 필요가 있는 시기에 아나키즘의 재등장은 불교의 사회운동 방향에 대해 많은 시사점을 던져주고 있다고 본다. 불교의 사상이 단지 개인의 깨달음에 그치는 것이 아니라 사회를 깨우치고 좀 더 좋은 세상을 만들어가는 채찍 역할을 해야 할 것이다. 지구촌은 지금 새로운 미륵을 애타게 기다리고 있다.

참고 문헌

1. 한국어로 된 문헌

고드윈, 윌리엄William Godwin, 1983, 『정치적 정의』, 박승한 옮김, 서울: 형설출판사.

국민문화연구소, 『국민문화회보』, 1~13호.

글릭, 제임스James Gleick, 1993, 『카오스』, 박배식 외 옮김, 서울: 동문사.

김성국, 구승회 외, 1996, 『아나키, 환경, 공동체』, 서울: 모색.

김용운, 1999, 『카오스의 날갯짓』, 서울: 김영사.

김태길, 1988, 『윤리학』, 서울: 박영사.

네이스비트, 존John Naisbitt, 1988, 『대조류』, 이창혁 옮김, 서울: 대학사.

다사카 히토시, 1997, 『복잡계 경영』, 주명갑 옮김, 서울: 한국경제신문사.

라이머E. Reimer, 1982, 『학교는 죽었다』, 김석원 옮김, 서울: 한마당.

랭돈, 모리스Morris Langdon, 1997, 『복잡성 경영』, 이종호 옮김, 서울: 한언.

참고 문헌   223

리드, 허버트Herbert Read, 1983a, 『비정치적 인간의 정치론』, 박정봉 옮김, 서울: 형설출판사.

리드, 허버트, 1983b, 『시와 아나키즘』, 정진업 옮김, 서울: 형설출판사.

무정부주의운동사 편찬위원회, 1978, 『한국아나키즘운동사』, 서울: 형설출판사.

바라다트L. Baradaht, 1984, 『현대정치사상』, 신복룡 외 옮김, 서울: 평민사.

박열, 1989, 『신조선혁명론』, 서석연 옮김, 서울: 범우사.

박홍규, 2004, 『아나키즘이야기』, 서울: 이학사.

방영준, 1990, 「아나키즘의 정의론에 관한 연구」, 서울대학교 대학원 박사 학위논문.

방영준, 1994, 「체계윤리와 사회윤리의 시민교육적 기능」, 『한국정치학회보』 제29집 3호.

방영준, 1997, 「아나키즘의 현대적 조명」, 『국민윤리연구』 제36호.

보위·사이몬Norman Bowie and Robert Simon, 1989, 『사회·정치철학』, 이인탁 옮김, 서울: 서광사.

Buhr, Manfred & George Klaus (ed.), 1989, 『철학사전』, 한국철학사상연구회 편역, 서울: 동녘.

북친, 머레이Murray Bookchin, 1998, 『사회생태주의란 무엇인가』, 박홍규 옮김, 서울: 민음사.

북친, 머레이, 1999. 『사회생태론의 철학』, 문순홍 옮김, 서울: 솔.

북친, 머레이, 2002, 『휴머니즘의 옹호』, 구승회 옮김, 서울: 민음사.

소로우H. Thoreau, 1982, 『시민의 반항』, 황문수 옮김, 서울: 법문사.

쉬한, 숀Sean Sheehan, 2004, 『우리 시대의 아나키즘』, 조준상 옮김, 서울: 필맥.

슈마허E. Schmacher, 2003, 『내가 믿는 세상』, 이승무 옮김, 서울: 문예출판사.

신용하 편, 1985, 『공동체 이론』, 서울: 문학과 지성사.

얀치, 에리히Erich Jantsch, 1990, 『자기 조직화하는 우주』, 홍동선 올김, 서울: 범양사.

Engle, Shirley 외, 1989, 『민주시민교육』, 정세구 옮김, 서울: 교육과학사.

오장환, 1998, 『한국아나키즘운동사 연구』, 서울: 국학자료원.

요시나가 요시마사, 1977, 『복잡계란 무엇인가』, 주명갑 옮김, 서울: 한국경제신문사.

워드, 콜린Colin Ward, 2004, 『아나키즘, 대안의 상상력』, 김정아 옮김, 서울: 돌베개.

이정규, 1984, 『우관문존』, 서울: 국민문화연구원.

일리히, 이반Ivan Illich, 1968, 『탈학교의 사회』, 황성모 옮김, 서울: 삼성문화문고.

일리히, 이반, 1979, 『교육사회에서의 탈출』, 김남석 옮김, 서울: 범조사.

일리히, 이반, 1981, 『의식의 축제』, 박일민 옮김, 서울: 새밭출판사.

임경순, 2000, 『21세기 과학의 쟁점』, 서울: 사이언스북스.

자유사회연구회 편, 1995, 『아나키즘연구』, 서울: 국민문화연구원.

지더벨트, 안톤Anton Zijderveld, 1987, 『추상적 사회』, 윤원일 옮김, 서울: 종로서적.

차인석 외, 1998, 『사회철학 대계』, 서울: 민음사.

카E. H. Carr, 1980, 『낭만의 망명객』, 박순식·신동란 옮김, 서울: 까치출판사.

카, 1989, 『반역아 미하일 바쿠닌』, 박순식 옮김, 서울: 종로서적.

카스티, 존John Casti, 1997, 『복잡성 과학이란 무엇인가』, 김동광·손영락 옮김, 서울: 까치글방.

크로포트킨, 피터Peter Kropotkin, 1973, 『현대과학과 아나키즘』, 이을규 옮김, 서울: 창문각.

크로포트킨, 피터, 1988, 『빵의 쟁취』, 백낙철 올김, 서울: 우리출판사.

크로포트킨, 피터, 1993a, 하기락 옮김,『근대과학과 아나키즘』, 서울: 신명출판사.

크로포트킨, 피터, 1993b,『상호부조론』, 하기락 옮김, 서울: 형설출판사.

크링스, 헤르만Herman Krings, 1987,『자유의 철학』, 진교훈 외 옮김, 서울: 경문사.

킹, 로저Roser King, 1989,『국가와 현대사회』, 이용필 옮김, 서울: 형설출판사.

톨스토이Leo Tolstoy, 1966,『예술론』, 김병철 옮김, 서울: 을유문화사.

Funke, Manfred 외, 1985,『극단주의와 민주국가』, 김병욱 옮김, 대구: 경북대학교 출판부.

프레이리Paulo Freire, 1981,『피압박자의 교육학』, 성찬성 옮김, 서울: 광주출판사.

프레포지에, 장Jean Préposiet, 2003,『아나키즘의 역사』, 이소희 외 옮김, 서울: 이룸출판사.

프리고진, 일리야Ilya Prigogine, 1988,『있음에서 됨으로』, 이철수 옮김, 서울: 민음사.

프리고진, 일리야, 1993,『혼돈으로부터의 질서』, 신국조 옮김, 서울: 고려원미디어.

프리고진, 일리야, 1997,『확실성의 종말』, 이덕환 옮김, 서울: 사이언스북스.

하기락, 1985,『탈환』, 서울: 형설출판사.

2. 외국어로 된 문헌

Apter, David E., 1971, *Anarchism Today*, London: Macmillan.

Avrich, Paul, 1967, *The Russian Anarchists*, New Jersey: Princeton

University Press. [폴 애브리치, 『러시아 아나키스트 1905』, 예문 편집부 옮김, 서울: 예문사, 1989]

Bakunin, Michael, 1895, *Oeuvres*, Vol. I, Paris: Stock, 1895~1913.

Bakunin, Michael, 1971, *On Anarchy*, Sam Dolgoff (ed.), N.Y.: Random House.

Bakunin, Michael, 1972, *Bakunin's Writings*, Guy Aldred, (ed.), N.Y.: Kraus Reprint Co.

Bakunin, Michael, 1975, *Michael Bakunin: Selected Writings*, Arthur Lehning (ed.), N.Y.: Grove Press.

Baldelli, Giovanni, 1971, *Social Anarchism*, Chicago: Aldine-Atherton.

Baradat, Leon P., 1984, *Political Ideologies*, New Jersey: Prentice-Hall Inc.

Barber, Benjamin R., 1971, *Superman and Common: Freedom, Anarchy and the Revolution*, N.Y.: Praeger.

Barry, Brain, 1989, *Theories of Justice*, London: Harvester and Wheatsheaft.

Bedau, Hugo A. (ed.), 1971, *Justice and Equality*, Prentice-Hall.

Bell Daniel, 1960, *The End of ideology*, London: Collier mamilan.

Berkman, Alexander, 1969, *ABC of Anarchism*, London: Freedom Press.

Berlin, Isaiah, 1966, "Equality as an Ideal", F. A. Olafson (ed.), *Justice and Social Policy*, N.J.: Englewood Cliffs.

Boas, George, 1978, "Primitivism", Philip P. Wiener (ed.), *Dictionary of the History of Ideas*, Vol. III, N.Y.: Charles Scribner's Sons.

Bookchin, Murray, 1974, *The Limits of the City*, Montreal-N.Y.: Black Rose Books.

Bookchin, Murray, 1982. *The Ecology of Freedom: The Emergence and Dissolution of Hierarchy*, Montreal: Black & Rose Books.

Bookchin, Murray, 1986a, *The Modern Crisis*, Montreal-N.Y.: Black Rose Books.

Bookchin, Murray, 1986b, *Toward an Ecological Society*, Montral and

Buffalo: Black Rose Press.

Bookchin, Murray, 1989, *Remaking Society*, Montreal-N.Y.: Black Rose Books.

Bookchin, Murray, 1996, *Post-Scarcity Anarchism*, Montreal-N.Y.: Black Rose BooKs.

Bose, Atindranath, 1967, *A History of Anarchism*, Calucutta: World Press Private Ltd.

Buchanan, James N., 1976, *The Limits of Liberty: Between Anarchy and Leviathan*, Chicago: University of Chicago Press.

Burheim, John, 1985, *Is Democracy Possible?*, Cambridge: Polity Press.

Carr, Edward Hallett, 1975, *Michael Bakunin*, N.Y.: Octagon Books.

Carter, April, 1971, *The Political Theory of Anarchism*, London: Routledge & Kegan paul.

Chazan, Barry, 1985, *Contemporary Approaches to Moral Eucation*, N.Y.: Teacher's College, columbia University. 〔배리 하잔, 『현대도덕교육방법론』, 이구재 외 옮김, 서울: 법문사, 1990〕

Chomsky, Noam, 1987 *The Chomsky Reader*, James Peck (ed.), N.Y.: Pantheon.

Clark, John P., 1980, *William Godwin*, New Jersey: Princeton University Press.

Clegg, Stewart, 1975, *Power, Rule and Domination*, London: Routledge & Kegan Paul.

Cole, G. D. H., 1967, *A History of Socialist Thought*, Volume I～VII, London: Macmillan.

Crosey, Joseph, 1977, *Political Philosophy and The Issues of Politics*, Chicago: The University of Chicago Press.

Davis, J. C., 1981, *Utopia and The Ideal Society*, Cambridge: Cambridge University Press.

Drucker, Peter F., 1989, *The New Realities*, N.Y.: Harper & Row.

Dyson, Kenneth H. F., 1980, *The State Tradition in Western Europe*,

228

Oxford: Martin Robertson.

Engle, Shirley H. and Anna S. Ochoa, 1985, *Eucation for Democratic Citizenship*, N.Y.: Teacher's College, Columbia University.

Feyerabend, Paul, 1975, *Against Method: Outline of an Anarchistic Theory of Knowledge*, London: New Left Books.

Frankel, Boris, 1983, *Beyond the State*, London: Macmillan.

Freeden, Michael, 1978, *The New Liberalism*, N.Y.: Clarendon Press.

Godwin, William, 1976, *Enquiry Concerning Political Justice* I, Cramnich (ed.), London: Penguin Books.

Goldman, Emma, 1970, *Anarchism and Other Essays*, N.Y.: Dover Publications.〔엠마 골드만, 『저주받은 아나키즘』, 김시완 옮김, 서울: 우물이있는집, 2001〕

Goldman, Emma, 1980, *The Failure of the Russian Revolution*, in George Woodcock (ed.), *The Anarchist Reader*, Collins: Fontana.

Goldman, Paul, 1962, *Compulsory Mis-education, and the Community of Scholars*, N.Y.: Random House.

Goodway, David (ed.), 1989, *For Anarchism*, N.Y.: Routledge.

Graham, Keith (ed.), 1970, *Contemporary Political Philosophy*, Cambridge: Cambridge University Press.

Gray, Alexander, 1968, *The Socialist Tradition*, N.Y.: Harper and Row.

Green, Gilbert, 1971, *The New Radicalism: Anarchist or Marxist?*, N.Y.: International Publishers.

Guérin, Daniel, 1970, *Anarchism from Theory to Practice*, N.Y.: Monthly Review Press.

Gurr, Robert, 1970, *Why Men Rebel*, New Jersey: Princeton University Press.

Hall, John A. (ed.), 1986, *States in History*, Oxford: Basil Blackwell.

Harrison, J. Frank, 1983, *The Modern State: An Anarchist Analysis*,

Montreal: Black Rose Books.

Hart, Herbert L. A., 1961, *The Concept of Law*, Oxford: Clarendon Press.

Hayek, F. A., 1960, *The Constitution of Liberty*, London: Routledge & Kegan Paul.

Hindess, Barry, 1987, *Freedom, Equality and the Market*, London: Tavistock Publications.

Hobsbawm, Eric, 1969, *Bandits*, N.Y.: Dell Publishing Co.

Hobsbawn, E. J., 1965, *Primitive Rebels*, N.Y.: W.W. Norton and Company, INC.

Hoffmam, Robert, 1970, *Anarchism*, N.Y.: Atherton Press.

Hoover, Kenneth R., 1986, *Ideology and Political Life*, California: Brooks/ Cole Publishing Co.

Horowitz, Irving L. (ed.), 1970, *The Anarchist*, N.Y.: Dell Publishing.

Hyams, Edward, 1975, *Terrorists and Terrorism*, N.Y.: St. Martins.

Illich, Ivan, 1971, *Deschooling Society*, New York: Harper & Row.

Joll, James, 1964, *The Anarchists*, London: Eyre & Spottiswoode.

Kanter, R. M., 1972, *Commitment and Community: Communes and Utopia in Sociological Perspective*, Cambridge: Harvard University Press.

Kedward, Harry, 1971, *The Anarchists: The Men Who Shocked an Era*, N.Y.: American Heritage Press.

Kropotkin, Peter, 1909, *Fields, Factories and Workshop*, N.Y.〔피터 크로포트킨, 『전원·공장·작업장』, 하기락 옮김, 서울: 형설출판사, 1983〕

Kropotkin, Peter, 1910, "Anarchism", *Encyclopaedia Britannica*, Vol. 1, 11th Edition, Cambridge: Cambridge University Press.

Kropotkin, Peter, 1969, *The Conquest of Bread*, N.Y.: G. P. Putnam's Sons.

Kropotkin, Peter, 1970a, *Revolutionary Pamphlets*, N.Y.: Dover.

Kropotkin, Peter, 1970b, *Selected Writings on Anarchism and Revolution*.

P. A. Kropotkin, Martin Miller (ed.), Mass.: The MIT Press.

Kropotkin, Peter, 1972, *The Conquest of Bread*, Edited and with an introduction by Paul Avrich, London: Penguin Press.

Kropotkin, Peter, 1976a, "Modern Science and Anarchism", *The Essential Kropotkin*, Emile Capouya and K. Tompkinseds (eds.), N.Y.: Liveright.

Kropotkin, Peter, 1976b, *The Essential Kropotkin*, Emile Capouya and K. Tompkinseds, N.Y.: Liveright.

Laski, Melvin J., 1977, *Utopia and Revolution*, Chicago: The University of Chicago Press.

Lauard, Evan, 1979, *Socialism Without The State*, N.Y.: ST. Martin's Press.

Madariaga, 1972, *Salvador, Anarchy of Hierarchy?*, N.Y.: Macmillan.

Malatesta, E., 1980, *Anarchy*, London: Freedom Press.

Marx, Karl and Friedrich Engels, 1959, *Basic Writings on Politics and Philosophy*, Lewis S. Feuer (ed.), N.Y.: Doubleday & Company, Inc.

Massialas, B. E., 1989, *Education and the Political System*, Mass: Addison Wesley.

Miller, David, 1976, *Social Justice*, Oxford: Clarendon Press.

Miller, David, 1988, *Political Thought*, Oxford: Basil Blackwell Publisher.

Miller, David, 1984, *Anarchism*, London: J. M. Dent & Sons Ltd.

Moore, G. E., 1956, *Principia Ethica*, Cambridge: Cambridge University Press.

Neil, A. S., 1972, *The Problem Child*, N.Y.: Robert McBride.

Nisbet, Robert, 1975, *Twilight of Authority*, N.Y.: Oxford University Press.

Nozick, Robert, 1974, *Anarchy, State and Utopia*, New York: Basic Books.[로버트 노직, 『아나키에서 유토피아로』, 남경희 옮김, 서울: 문학과지성사, 1983, 1997]

Parker, S. E., 1965, *Individualist Anarchism: An Outline*, London: S. E. Parker.

Paterson, R. W. K., 1971, *The Nihilist Egoist: Max Stirner*, N.Y.: Oxford University Press.

Perlin, Terry M. (ed.), 1979, *Contemporary Anarchism*, New Jersey: Transaction Brooks.

Popper, Karl R., 1962, *The Open Society and It's Enemy*, Vol. II, London: Routledge & Kegan.

Pratte, Richard, 1977, *Ideology and Education*, N.Y.: David McKay Company, Inc.

Proudhon, Pierre-Joseph, 1966, *What is Property? An Inquiry into the Principle of Right and of Government*, N.Y.: H. Fertig.〔피에르 조제프 프루동, 『소유란 무엇인가』, 이용재 옮김, 서울: 아카넷, 2003〕

Proudhon, Pierre-Joseph, 1970, *Selected Writings of Pierre-joseph Proudhon*, Stewart Edwards (ed.), London: Macmillan.

Proudhon, Pierre-Joseph, 1980, *Qu'est-ce que la Propriété?*, George Woodcock (ed.), The Anarchist Reader, Collins: Fontana.

Rawls, John, 1971, *A Theory of Justice*, Cambridge: Harvard University Press.〔존 롤즈, 『정의론』, 황경식 옮김, 서울: 이학사, 2003〕

Read, Herbert, 1940, *The Philosophy of Anarchism*, London: Freedom Press.

Read, Herbert, 1944 *The Education of Free Men*, London: Freedom Press.

Read, Herbert, 1947, *Poetry and Anarchism*, 2d ed., London: Freedom Press.

Read, Herbert, 1954, *Anarchy and Order: Essays in Politics*, London: Faber & Faber.

Regan, T., 1983, *The Case for Animal Rights*, Berkeley: University, California Press.

Reiman, Jeffrey A., 1972, *In Defense of Political Philosophy: A Reply to R. P. Wolff's 'In Defense of Anarchism'*, N.Y.: Harper and Row.

Rejai, M. (ed.), 1971, *Decline of Ideology?*, Chicago: Aldine.

Ritter, Alan, 1969, *Proudhon*, Connecticut: Greenwood Press Publishers.

Ritter, Alan, 1980, *Anarchism*, Cambridge: Cambridge University Press.

Rocker, Rudolf, 1989, *Anarcho-Syndicalism*, London: Pluto Press.

Rosenblum, Nancy L., 1987, *Another Liberalism*, Cambridge: Harvard University Press.

Rulle, David, 1991, *Chance and Chaos*, New Jersey: Princeton University Press.

Runkle, Gerald, 1972, *Anarchism: Old and New*, N.Y: Delacort Press.

Sabine, George H., 1973, *A History of Political Theory*, 4th Revised by Thomas Thorson, N.Y.: Holt, Rinehart and Winston.

Saltman, Richard B., 1983, *The Social and Political Thought of Michael Bakunin*, Cambridge: Harvard University Press.

Salvadori Massimo (ed.), 1968, *Modern Socialism*, London: Macmillan.

Sandel, M. J., 1984, *Liberalism and Its Critics*, Oxford: Basil Blackwell Publisher.

Sargent, Lyman Tower, 1978, *Contemporary Political Ideologies*, Homewood: The Dorsey Press.

Schurman, Franz, 1968, *Ideology and Organization in Communist China*, California: The University of California Press.

Seidman, Steven, 1983, *Liberalism and The Origins of European Social Theory*, California: The University of California Press.

Singer, P., 1955, *Animal Liberation*, 2nd ed., London: Pimlico.

Sorel, Georges, 1969, *The Illusions of Progress*, Berkeley: University of Califronia Press.

Stafford, David, 1971, *From Anarchism to Reformism*, Toronto: University of Toronto Press.

Stark, Werner, 1971, *The sociology of Knowledge*, London: RKP.

Stirner, Max, 1980, *The Ego and His Own*, George Woodcock (ed.), *The*

참고 문헌 233

Anarchist Reader, Collins: Fontana.

Stohl, Michael and George A. Lopez (eds.), 1984, *The States as Terrorist*, Connecticut: Greenwood Press.

Tapper, Ted, 1976, *Political Education and Stability*, N.Y.: John Wiley.

Taylor, Frederick, 1973, *An End to Hierarchy!*, N.Y.: New Viewpoint.

Taylor, Michael, 1982, *Community, Anarchy and Liberty*, Cambridge: Cambridge University Press.[마이클 테일러, 『공동체, 아나키, 자유』, 송재우 옮김, 서울: 이학사, 2006]

Taylor, P. W., 1986, *Respect for Nature: A Theory of Environmental Ethics*, New Jersey: Princeton University Press.

Taylor, Richard, 1973, *Freedom, Anarchy and the Law*, New Jersey: Prentice-Hall, Inc.

Thomas, Paul, 1980, *Karl Marx and the Anarchists*, London: Routledge & Kegan Paul.

Thoreau, H. D., 1866, "Civil Disobedience", *Thoreau's A Yankee in Canada*, Boston: Tickor and Fields.

Tilly, Charles, 1978, *From Mobilization to Revolution*, Michigan: Addison-Wesley Publishing Company, Inc.

Toennis, F., 1955, *Community and Association*, London: Routledge and Kegan Paul.

Tolstoy, Leo, 1967, *Tolstoy's Writings on Civil Disobedience and Non-Violence*, N.Y.: Signet Books.

Tolstoy, Leo, 1971a, *The Kingdom of God Is Within You*, N.Y.: Bantam.

Tolstoy, Leo, 1971b, *The Law of Violence and the Law of Love*, N.Y.: Bantam.

Walter, Nicolas, 1969, *About Anarchism*, London: Freedom Press.

Ward, Colin, 1973, *Anarchy in Action*, London: Allen & Unwin.

Ward, Colin, 1966, "Anarchism as a Theory of Organization", *Anarchy 92*, Vol. 6.

Weir, David., 1997, *Anarchy and Culture*, Amherst: University of Massachusetts Press.

Wiener, Philip P. (ed.), 1978, *The Dictionary of History of Ideas*, Vol. I, N.Y.: Charles Scribner's Sons.

Woodcock, George (ed.), 1980, *The Anarchist Reader*, Collins: Fontana.

Woodcock, George and Ivan Avakumovic, 1950, *The Anarchist Prince: A Biographical Study of Peter Kropotkin*, London: T.V. Broadman.

Woodcock, George, 1944, *Anarchy or Chaos*, London: Freedom Press.

Woodcock, George, 1946, *William Godwin: A Biographical Study*, London: Porcupine Press.

Woodcock, George, 1948, *The Writer and Politics*, London: Porcupine Press.

Woodcock, George, 1956, *Pierre-Joseph proudhon: A Biography*, London: Routledge & Kegan Paul.

Woodcock, George, 1962, *Anarchism: A History of Libertarian Ideas and Movement*, Cleveland, Ohio: World Publishing Co.

Woolf, Robert Paul, 1968, *The Poverty of Liberalism*, Boston: Beacon Press.

Woolf, Robert Paul, 1970, *In Defense of Anarchism*, N.Y.: Harper & Row.〔볼프,『아나키즘, 국가권력을 넘어서』, 임홍순 옮김, 서울: 책세상, 2001〕

찾아보기

[ㄱ]

가리발디 132

갈매기 효과 185, 190

개인주의 17, 33, 39, 41, 46, 66

검은 깃발 14

게렝, 다니엘 40

고대사회 23

고드윈 14, 23~24, 37~38, 53, 80,
94~98, 102, 131, 136, 158~
159, 164, 173

고전적 자유주의/-자 43

골드만 91

공교육 158~160, 162, 177~178

공동사회 47, 53, 55

공동체

- 사상 50~52, 145

농민 - 54

농촌 - 47~48, 110

몬드라곤 협동조합 - 146~147

생태주의적 - 145

생활 협동 - 145

이상향적 - 48

자연 - 210

자주- 146~147

자치- 147

정치 - 82, 209~210

지역- 사회 46

참여 자치의 - 208, 211, 215

협동조합 - 145~147

공동체운동

자주- 145, 147, 208
자치- 146
지역- 144
공동체주의
　-자 49~51
　자주- 21
　자유- 21
공산주의　17, 41, 71, 84~87, 90,
　94, 143, 190, 194
공적 소유 99
교의 7, 13~14, 16, 21, 28, 38, 57,
　92, 108, 152, 154~155, 190~
　191
국가관 69~70, 73, 77, 90, 167
국가교육 159
국가권력 40, 59, 71, 73~74, 86,
　163, 168
국가기구 136, 211
국가사회주의자 90
국가주의 교육 158
굿맨 158, 160
권위에의 저항(권위에 대한 저항)
　13, 57, 60~61, 63, 162, 219
그리스도교 정적주의 131
근대적 자연관 33
근본 생태론/-자 201~203, 206
기계파괴주의자 104

[ㄴ]
나비 효과 185, 190, 196
낭만적 절대주의 62~63, 137
낭만주의자 14, 110
네스, 안 202
네이스비트, 존 53, 146
네트워크 사회 121
네틀라우 21
노자 22, 33, 218
노장사상 188
노직 42
뉴턴 187, 197, 202
뉴턴 역학 181
니덤, 조셉 188
니체 39, 144
니힐리스트 14
니힐리즘 39, 62, 129, 151
닐 164, 175

[ㄷ]
다다 21, 63
다다이스트 21
다다이즘 21, 63
단계적 혁명론 112
대응 사회화 176~178
대의제 민주주의 77, 80~81, 83,
　148~151, 210
데자크, 조제프 21

238

데카르트 202
도가 사상(도교 사상) 33, 107
동양 사상 107, 182, 188, 213
두루티 130
드러커 53, 146
디드로 22

[ㄹ]
라바숄 138
라이머 160, 162, 173
라플라스 181, 187
란다우어, 구스타프 72, 133
러시아혁명 88, 90~91
레오폴드 221
레자이 113
로렌츠, 에드워드 184~185
로빈 173
로스바드 40
로커 21
롤즈 34
루소 34, 159, 173
르클뤼 23, 58
리드, 허버트 120, 159
리李天岩 185
리버테리언 21, 24, 42, 149, 208

[ㅁ]
마치니 132

마호메트의 관 54
만장일치적 직접민주주의 81~82
말라르메 137
말라테스타 23, 66, 68, 116
맑스 5, 34, 71, 84, 86~89, 93~94,
    108~109, 122~123, 134~135,
    148, 190, 194~195
맑스주의/-자 54, 70, 84, 88, 93~
    94, 106, 108, 121, 123~132,
    134~135, 150, 197, 217
매키버, 로버트 72
무어 35
무질서 18~19, 177, 187, 189, 217
미래주의 201
미르 54
민주주의 17~18, 40, 77, 79~83,
    136, 148~151, 203, 210
민중 22, 35, 39, 58, 78, 122, 126,
    148, 161, 209
민중주의 149
밀러, 데이비드 138

[ㅂ]
바라다트 56
바쿠닌 14, 20, 23, 25, 58, 68, 71,
    75, 78, 80, 87~90, 98, 103,
    109~111, 122, 124~128, 130,
    132, 134, 149, 151, 163, 175,

찾아보기 239

196, 210
박애 정신 48, 51
반 파쇈 130
반란 57, 60, 109, 114, 122
반성적 사회화 176, 178
반집산주의자 131
반항운동 22
버크, 에드몬드 46
버크만 69
베르그손 188
베이컨 202
변증법적 자연론 215
보날 46
보른 181
보어 181
복잡계
 - 과학 179, 181, 183~184, 189
 - 이론 179~182, 184, 186, 189,
   192~197
볼린 90, 117
볼셰비키혁명 14
볼프 24, 40, 74, 81~82, 210
봉건사회 135
부르주아
 - 급진주의자 14
 - 민주주의 77, 79~80, 148
 -지 122, 130
부버, 마르틴 72~73, 159

북친, 머레이 198, 200~201, 203~
   208, 211, 213~215
불교 사상 216, 221
불복종 59~60, 63
브리소 19
블랑키, 오귀스트 128
블랑키주의자 132
비결정론적 세계관 181
비르코프 185

[ㅅ]
사적 소유 96~99
사회 생태론/ -자 201~204, 206,
   208~215
사회 생태주의 198~201, 203, 208,
   211, 214~215
사회계약이론 82
사회변혁 76, 120
사회사상 42, 45, 48, 107
사회운동 8, 56, 128, 147~148, 151,
   155, 222
사회적 진화론자 41
사회주의 17, 20, 40~41, 52, 71,
   76~77, 83~84, 87, 90, 93, 109,
   134, 146, 148, 155, 222
사회주의자 21, 40~41, 86, 90, 92~
   93, 174
사회주의혁명 92

사회질서 46, 77, 150, 172
사회혁명 78, 90, 118, 124~125, 193
산업혁명 102
산티얀, 디에고 92
삶의 양식 8, 17, 144, 170, 221
상생 사상 144, 147
상호부조 26, 28, 30~32, 38, 110,
    152, 175
상호부조론 25
상호주의 20, 24
생태운동 112
생태주의운동 33
석가 22
석기시대 22
세계평화운동 15
세계혁명 89
셔만 119
셸리 136
소로우 29, 59, 139, 151~152, 206
소박한 이론 15
소산 구조 187~188, 196
수평적인 네트워크 53, 146
순수 이데올로기 119~120
슈마허 153, 213~214
슈티르너 14, 23~24, 37~39, 57~
    58, 66~67, 77, 80, 84~85, 144,
    151, 173~174
스탈린주의의 86, 88

스토아 철학 33
스트라우스, 레오 168
스페인혁명 92
시민사회 135~136, 150
시민사회론 150, 219
시민사회운동 15, 83
신맬더스주의 201
신사회운동 147~148, 150, 219
신조합주의 150
신좌파운동 15, 149
실버맨 162
실존주의 39
실증철학 35
실천 이데올로기 119~120

[ㅇ]
아나키스트
   개인주의적 - 24, 26, 37, 41, 45,
    144
   고전 - 7, 112, 114, 121, 145,
    148, 151~152, 154~157, 206,
    210
   공동체주의적 - 25
   아나르코 생디칼리스트 25, 43
   아나르코 코뮌주의자 25~26, 43
   자본주의적 - 24, 42
   집산주의적 - 45
   현대 - 7, 21, 44, 76, 112, 121,

138
아나키즘
  개인주의적 - 24~25, 40
  고전 - 108, 120, 156
  공동체주의적 - 24
  미적 - 17, 107
  아나르코 생디칼리즘 24~25
  아나르코 코뮤니즘 24
  아나르코 패시피즘 15
  아나르코 페미니즘 148
  - 교육론 15, 157~158, 160, 167,
    177~178
  - 문예론 15
  - 사상 14~15, 22, 128, 143,
    157~158, 180, 220
  - 사회 7, 16, 76, 107, 112, 153,
    155, 215
  - 운동 8, 15, 22, 33, 39, 58, 63,
    111, 115, 123, 128, 135
  -의 실천론 193, 195
  - 이론 22, 101
  -적 조직론 121
  - 정의관 36, 45, 57, 136, 145
  에고이스트적 - 37
  에코 - 148, 152, 215
  인도적 - 37
  자본주의적 - 41~42
  자유방임적 - 37

조합주의적 - 24
  평화주의적 - 15, 25, 148
  현대 - 112, 114, 156
아당, 폴 138
아돌프 피셔 41
아르봉, 앙리 81
아리스토텔레스 18, 170
아리스티푸스 22
아벨 84
앱터 154, 197
에고이스트 39
에얼리히 201
에코토피아 153
엘리자르, 쥘 59
엥겔스 134
연대 100, 121
연합주의/-자 20, 24, 52, 200
예수 22, 54
오웬 173
와일드, 오스카 60, 79
완전성 48~49, 189
요크, 제임스 185
우드코크 120
우주론적 정의관 33, 36, 106
워드, 콜린 32, 52, 71, 73
워렌 23~24, 40
원시주의 55~56
월터 70

유리피데스 18
유물사관 54, 122, 134, 148, 194
유토피아 112, 134, 154, 221
유토피아니즘 155
68혁명 14
이데올로기 14~15, 17, 23, 46, 48,
　93, 110, 112~114, 118~119,
　143~145, 154, 168, 196~197,
　217~219
이원적 실재론 202
이익사회 47
인터내셔널 25
인텔리 123
인텔리겐차 127~128
일리히 158, 160~161, 173
일제강점기 독립 투쟁 15

[ㅈ]
자기 조직화 180~182, 184, 186~
　188, 191~192, 194~197, 205
자발성 73, 114, 119, 122~126,
　128, 160, 163~164, 166, 191,
　194~195, 215
자발적 질서 이론 32~33, 52
자본주의 17, 24, 41, 43, 50, 93,
　112, 135, 143, 146, 155, 201,
　222
자연권 사상 36

자연론적 사회관 27, 32, 36, 106,
　121, 124, 136, 153, 158, 162,
　173, 210
자연론적 세계관 191~193, 220
자연주의자 14
자연주의적 윤리설 35~36
자유 사회주의자 21
자유도시 54
자유주의/ -자 14, 17, 40, 43, 63,
　76, 110, 136, 162
자율성 30, 36~37, 40~41, 61,
　73~74, 124, 181, 195, 219
자조 사회 53, 146
자주공동사회 53, 146
자주관리 52, 145
자주성 26, 36, 40~41, 95, 145,
　161, 163, 219~220
자주인 15, 36
자주인적 개인 36, 40, 43
자치 사회 52
저항 이념 76, 143
저항문화운동 14~15
저항운동 14, 22, 56, 137
전국노동조합(CNT) 115
전인 사상 48
전인교육 104~105
전체주의 66, 94, 150, 155
절대 권력 40, 73~74

찾아보기 243

정보화 사회 121, 151

정치

　-교육 157, 167, 169~170, 172~
　　173, 176~178

　-권력 72~73, 91, 103

　-사상 33, 154

　-운동 17, 120

　-적 테러리즘 136, 138

　-철학 17, 69, 73, 158, 168, 178

　-혁명 78

제1인터내셔널 88, 126

제3인터내셔널(코민테른) 89

제논 22

조합운동 22

중세 사회 75

지방분권 사회 53, 146

직관적 신비주의 62, 136~137

직접민주주의 81, 149~150, 210

직접행동 30, 129, 134, 139

집산주의 20, 24

[ㅊ]

참여 민주주의 150~151, 210, 219

천년지복 110~111, 113

최소 요구주의자 24

츠바이크, 스테판 131

[ㅋ]

카뮈, 알베르 57

카오스 179, 182, 184~186, 189,
　　191~192, 197

카오스 이론 20, 177, 180~182,
　　184~186, 189~190, 196

카인 84

카펜터 107

카프라 201

칸, 허만 201

칸트 35, 188

칼렌바흐 152

코뮌 24~25, 46, 53

코뮌주의 20, 25, 54

코스모스 189

콤포트, 알렉스 59~60

크로포트킨 7, 13~14, 16, 21~23,
　　25, 28~29, 31~32, 34~36, 38,
　　53~54, 66, 76, 94~95, 98~101,
　　104~105, 111, 125, 128, 131,
　　133, 152, 173, 175, 206

킹, 마틴 루터 139

[ㅌ]

터커 23~24, 37, 40

테러리즘 62, 93, 133~136, 138, 151

테크놀로지 102~107

톨스토이주의 25, 130

퇴니스 47
투표 기계 81
트로츠키 198

[ㅍ]
파리코뮌 132
파이어아벤트 60~61
파커 41
페늘롱 22
페레 173
평등주의/-자 14, 50, 94~98, 100~101
평등주의 사상(평등사상) 48, 51
포르, 세바스티앵 20, 57
포스트모더니즘 15, 63, 144
포퍼, 칼 94
푸앵카레 185
푸코, 미셸 63~64
프랑스혁명 14, 19, 46, 124, 217
프레이리 158, 161, 173
프렉탈 182
프로테우스 7, 16
프롤레타리아
 -독재 86
 -트 79, 88~89, 122, 126
프루동 14, 19~20, 23~25, 28~30,
 39, 52~53, 58, 65~66, 68, 76~
 80, 85~86, 93, 98, 102~104,
115, 118, 124, 126, 129, 131,
 149, 151, 159, 210, 217
프리고진 181, 184, 186~188, 191,
 195~196
플라톤 18, 54, 170

[ㅎ]
하딘 201
하버 112
하이데거 188
하이젠베르크 181
학교
 농민- 159
 반권위주의- 163
 벽이 없는- 163
 실험- 163, 166
 아동중심주의 - 163
 자유교육- 162, 164, 166, 177
 자유- 162~163, 165~166
 전원- 163
 탈- 160, 163
합리주의 17, 94
행동적 프로파간다 133~134
헤겔 35, 188
헤로도토스 181
헤시오도스 54
혁명적인 노동조합 25
현대 과학 20

찾아보기 245

협동조합 24, 110, 131, 135, 147

협동조합적 상호부조운동 144

협의주의 150

형이상학적 윤리설 35~36

형제애 48, 51~52, 110

호로비츠 27, 30

호머 18

홀트 162

홉스 32, 40, 73~74

홉스봄 56

화이트헤드 188

환경운동 144, 151

황금시대 54